結構性毛利的人生思維

陳豐續 著

前雄獅旅遊總經理
陳豐續 自傳

教你拆解結構、細算成本，
獲致事業與人生的獲利

目錄

第1章 出生到初入社會

第2章 雄獅與我

第3章 結構性毛利

第4章 旅行社經營面向

第7章 別人眼中的陳豐續

推薦序

感謝創業老搭檔對雄獅旅遊的奉獻

我的創業老搭檔，雄獅員工編號〇〇〇一號的元老陳豊續出書了。這是一部台灣出境旅遊開拓史，也是雄獅旅遊編年史，更是陳董（曾任寶獅旅行社董事長）一生精彩的奮鬥史。

來自彰化北斗鄉下的陳董，擁有積極樂觀的性格、說學逗唱講故事的才華與流利的英日語，再加上華南大飯店櫃台服務道上兄弟的練達人生體驗，以及老牌東南旅行社的歷練。這些寶貴的經驗，讓陳董銜接下一個黃金四十年。

割捨當年旅遊產業第一品牌、營業規模最大的東南旅行社，陳董把前程賭注在雄獅旅遊無可限量的未來。四十年後證明，陳董做了前瞻與智慧的選擇。

陳董轉戰雄獅隔年，一九七九年政府開放觀光，環境給了陳董勇闖天下的機會——短短三、四年時間，陳董已經率先開發出美加、中南美洲、非洲、紐澳、歐洲等新路線，建立了雄獅旅遊長線霸主的地位。

一九八五年我帶著理想旅運業務與領隊帶團經驗，以及美國工作歷練入主雄獅旅遊。在新舊團隊磨合與動盪過程中，我要特別感謝兩位貴人，一位是以「寶劍贈英雄」推舉我為新任總經理的原雄獅總經理呂正忠先生，另一位是幫我穩定組織、持續拓展業務的陳董（當時是業務經理）。我與陳董就此展開三十年事業上的合作，他也成為一路相挺的快樂投資人。

創業初期，我們拼生存、拼業績、拼版圖。公司進入成熟期邁向集團化後，我更重視雄獅願景與文化：以探索生活、引領風格的集團願景，號召志同道合伙伴追隨；誠信正直、積極熱情、使命必達、學習成長、多元融合、超越顧客期望的企業文化，則是傳承創業元勳長時間累積下來的行為準則與價值判斷。傳承「雄獅人」的DNA，是我退休前落實企業永續經營最重要的任務。

陳董注入雄獅人流淌血液中，最令人津津樂道的就是「結構性毛利」（陳董自傳中重要的論述），也是「雄獅人」在產品損益預估經常應用的思維——直批最佳通路比率組合，並促進成團與降低單位成本。

陳董留下來的文化資產還包括：雄獅人朗朗上口的「誤把資訊當專業」——強調資訊揭露與共享以降低溝通成本、「低進入門檻、高成功障礙」——任何人都可輕易任職旅行社，但只有少數人與時俱進而功成名就……等金句；「身先士卒」跑遍全球尋找新商機；以及配合公司政策主導雄獅轉型，都是主管們學習的典範。

「陳豊續自傳」是我們這一輩的共同歷史記憶，是雄獅主管必讀的經典教材，也將是旅遊人必要的修練。

雄獅集團董事長 王文傑

自序 不論人生與事業，都會用到結構性毛利

人的一生，生命有限，時間有限，資源也有限，所以必須要在關鍵的時間點做對的事，才能將各種有限，發揮出最大的能量。我出生於台灣光復初期的彰化鄉下農村，一個資源極為匱乏的時代及地區，雖然一生經歷平凡，但是在人生學習階段及抉擇關頭，經歷過一番的思考與評估，回溯這些評估，證明當初的決定是對的。我把這些思考與評估，統稱為「結構性毛利」，這是我的人生與事業。我把這些經歷分享出來，希望有緣看到這本書的人，能有所啟發。

「積極的態度是青春的見證，辛苦的汗水是生命的源泉。」這句話是我人生的座右銘，用積極的態度去面對人生，用辛苦的汗水去耕耘自己的生命。我的一生不管面對什麼困境，始終如此。

結構性毛利可以從人生及事業的角度來看，人生很多時候，都會用「結構性毛利」來評量，其中教育與學習是最重要的兩件事。每一個階段的學習，都是下個階段的基礎結構，只有基礎學習得夠好，下一個階段的毛利才會出來。人生的學習就是這樣層層疊疊的累加成果，你的人生毛利才能極大化。

人生資源有限，要弄懂邊際效益，才能立於不敗之地。像我書中提到，要升高中時，因為一

個月超過一百元的車錢出不起，不能讀彰化高中，改讀北斗高中。當年一百元的邊際效益，比我現在花兩億元，買一間房子要大得多。要懂邊際效益，才能將人生有限的資源，發揮最大的效用。

在人生的長河裡，有很多的結構點，但是在做的每一件事情裡也都有很多的結構點。我的一生都在從事旅行社事業，舉旅行社出團為例子：我們出團要準備訂團、訂機票、要派領隊、訂旅館、派車、訂餐等，很多事情都不能出錯。但只要控團不理想，出團人數不到二十五人時，就要賠錢。每一個結構都不能輕忽，這些細節，我在書中都有詳細的說明。

對我從事了一生的旅遊業來說，是一個低進入門檻，高成功障礙的行業，進入很簡單，成功很困難。我常說只要旅行社經營的成功，百工百業都沒有問題。這是一個高投入但是低獲利的行業，如果年輕朋友要進入這行業，務必要三思，真的想進入旅遊業，請務必看完這本書。

台灣的旅遊業大約三千家，員工人數達一百人以上的不到五百家，達不到一定的規模，很難賺到錢。所以我建議隨著時間推移，旅行社逐步合併為大的集團化、品牌化、國際化，最後全國大約整合成十個左右的旅行社品牌商，才會有合理的利潤，可以永續經營，則是全業界之幸，全國之幸。

其實結構性毛利的精神不但適合人生的決策，適合旅行社的營運，也適合各行各業，就像書中有提到的，即使是巷口鵝肉麵店的經營，都可以利用結構性毛利的精神而獲利。希望此書的推出，有利於讀者的人生與事業。

最後，我還要藉這本書感謝生我養我的父母，教我基礎教育的成功國小謝清涼老師、北斗高中英文老師楊蓮、輔仁大學日文系教日文會話的老師上野山賀子。還有，在事業上提攜指導的王文傑董事長，在家庭犧牲奉獻的兩位妹妹陳翠娥、陳雅娟，以及協助我教育子女的老婆大人葉寶華。

第1章

出生到初入社會

家族及家庭——建石塔的子孫

彰化縣溪州鄉西畔村的石塔，建於清道光二十二年（一八四二年），據說當年是為了鎮壓濁水溪的洪水，奉關聖帝君指示而立的石塔。我的出生地，就在石塔巷，石塔離我家不到一百公尺，石塔是我的祖先建立的，也是祖先在西畔安身立命的印記。

根據祖龕中的祖譜記載，我的祖先在明朝永曆六年（一六五二年）之前就從福建漳州移居到台灣彰化的現址，比鄭成功更早到台灣（一六六二年），來台已經十幾代了，接近四百年，我的祖先，應該比大多數的台灣移民都早，陳姓的堂號是穎川堂。

祖先是從福建漳州南靖外遷，祖先遷台時，就直接遷住到彰化，那時應該都是從「一府二鹿」的中部主要港口鹿港上岸的，當時泉

出生於百年石塔巷內，出生地離溪州石塔不到一百公尺。

州人就住在鹿港，靠海邊，漳州人就住在比較靠山。因為在大陸時漳州本來就靠山，泉州靠海，就是靠山吃山，靠海吃海。

祖先從鹿港上岸後，就直接定居在舊濁水溪的河道邊，那個彰化溪州的石塔，距離我們家大約一百公尺而已，舊濁水溪氾濫改道之後建立了石塔，家族的故事就是從石塔開始講起。

祖先一直住在石塔附近，我相信初期來台開墾時，房地應該都很廣，但是一代一代傳下來，土地與房舍就越分越小，分到我這一代，就只剩三十多坪的老屋，土地全部都賣光。

其實我的祖先，也不是那麼的窮，主要是病，病跟窮是一體兩面，生病了就要花大錢來醫。花了很多錢，家道中落；家裡沒錢，就更容易生病，就這樣貧病交加，家道就越來越陷落。

在鄉下地方有錢沒錢，就看你家的土地有多少？印象中，傳到我祖父時，家中還有一兩甲土地，在當時也不算少，但是家中有人生病，就陸續賣土地治病，到我父親時，還剩下五六分地吧，但是我父母的身體都不好，家中的經濟情況也不好，把土地一塊一塊賣掉治病及貼補家用，土地後來就全部賣光了，等到我開始上學時，就只能賣稻穀來繳學費了，那時地價很便宜，一分地才賣兩萬塊吧。

我父親名叫陳水德，出生成長在日據時代，那時候念書的人不多，念小學就很少，我父親能念到高等科（大概等同初中畢業），那人數就更少了。那時高等科畢業，要去農會或去公司或什麼企業上班，找工作，應該都很簡單。

但就是一個觀念的問題，我阿公認為，學一個技藝比較好，這個觀念當然也是沒有錯，所以父親就去跟剃頭師父學手藝。一個有讀過書的人，去找事做，應該比較容易，結果就當了剃頭師，收入也不會有多少？一輩子清苦又辛苦。我一直覺得我阿公在安排我父親的工作上，不太理想。

我父親十六歲那年，從高等科畢業去當理髮的學徒，一輩子的工作就是剃頭師，那時候鄉下人都沒錢，我父親就要去「做庄」，挑了剃頭擔子，到各村莊去巡迴幫人家剃頭，大家都窮，也收不到錢，等秋天稻穀收成了，再用稻穀來折剃頭費用，大人剃一季十斤穀，小孩剃一季五斤穀。

剃頭換來的稻穀，大概夠我們家吃一年，小時候沒有錢繳學費時，就是賣這些稻穀來換成現金繳學費。在我小時候家還有種一些田，但父親剃頭工作很忙，種得不多，四、五分地後來也陸續賣掉。

我媽媽娘家是住在附近的舊眉村，我媽媽家環境比較好，是他們村的望族，媽媽娘家家境比我爸家好太多了。但是那個年代，都是靠媒妁之言來訂親的，媽媽嫁給爸爸當時就是「下嫁」，結婚時，聽說外公家是不太情願，也不太高興的，覺得是媒妁之言誇大其詞，把我爸爸說得太好了，這些事情，我小時候是可以隱約感覺得出來的。

童年——長孫的記憶

母親二十四歲才結婚，父親已經二十九歲，在當時的社會，都算很晚婚。父母親結婚不久，在民國三十八年八月生下我，我是整個家族的長孫，閩南語說是大孫，在家族的地位是很高的。

只是那時感覺上已經是家道中落，我這個長孫也是在辛苦的環境中出生。從父親兄弟姐妹的生活中看得出來，我爺爺撐這個家也是撐得很辛苦，我奶奶生了四男三女，結果兩個叔叔及兩個姑姑都送給人家養，家中只剩下我爸跟我叔叔及一個姑姑留在家裡，如果不是家裡太窮，養不起小孩，怎麼會把小孩送給別人家？

小時候跟我們家一起生活的是我叔叔一家，我們兩家就同住一間三合院，叔叔的兒子跟我一起長大，就跟親兄弟一樣。

我名字的第二個字「豊」是家族的輩分，就是豊字輩的，我跟我的堂兄弟名字中間都是「豊」，原來的漢字，應該是寫成「豐」，但是那時剛從日本統治結束，祖父及父親都受過日本教育，當時大家都知道，日本歷史上有個偉大的人物叫「豊」臣秀吉，所以當時父親心中想的「豐」就是這個日本字「豊」，也就成為我們這一輩名字的輩分，「豊續」這個名字，是我的父母希望我的一生都「豐富永續」吧！

不過「豊續」這個名字，如果用台語讀起來，諧音很厲害了，唸起來就音很像「皇叔」，所以村裡的人，都叫我「皇叔」，皇帝的叔叔，聽起來就很威風。

兒時的生活，印象已經很遙遠了，大部分同年齡的人，應該都有相同或類似的時代記憶。

上學前印象最深刻的就是祖母的喪禮，那時我祖母高齡懷孕，結果難產去世，因為我是大孫，要幫祖母「捧斗」，那時我還小，還沒有念小學，在出殯的行列上，家族雇了一台三輪車載我。

小學以前，爸媽為了做生意，我們家搬離了三合院祖厝，到溪州登山路的路邊開了理髮店，那塊地是跟人家租地來蓋屋，剛開始是用泥土加牛糞加竹片做牆，用甘蔗葉做屋頂，後來改為竹片的屋頂，最後再改為瓦房。

童年生活分為兩個時期，搬到登山路之後的生活時間更長久，印象更深刻，不過，因為是租地建屋，現在的房子已經消失了，只存留在記憶中。

在石塔巷的祖厝生活，是年幼的記憶，經常跟妹妹及堂兄弟們在石塔廣場玩耍，小時候經常也爬上石塔，不知道那是重要的古蹟。

幼年印象最深刻的，就是要到處去撿柴，那時沒有瓦斯可以煮飯，家家戶戶都要撿柴用灶煮飯。我父親是剃頭師父，別人來店裡剃頭，就要燒熱水，幫客人洗頭，對於柴薪的需求量更大，所以小時候印象最深刻的事情，就是一直在撿柴，燒熱水。

顧客來店裡剪完頭髮，洗頭要熱水，要用灶燒熱水，生火、煮水、打水這些就是我小時候天天要做的事情。所以除了煮飯，我們還要燒水供客人洗頭，木柴的需求比一般家庭多很多，小時候要花很多很多的時間，到處撿柴燒水。

在八七水災之後，濁水溪的河床上有很多漂流木，颱風有時也會帶來很多，那時我就會去離家兩、三公里遠的濁水溪河床撿這些柴回來，有一次差點就被溪水沖走，是滿危險的，當時不覺得，後來回想，小時候的生活是充滿了兇險。

除了撿木柴，路邊的雜草、稻殼、木炭、焦炭，反正可以燒火煮飯的東西，我都要去蒐集，各種生火的東西我都會用，十八般武藝樣樣通。後來長大之後，去參加什麼童子軍露營，生火都是一下子就好了，現在我看那些野地求生的節目，常在想，如果放我到野地求生，一定沒問題。

小時候家裡的田地還沒有賣掉前，孩子還是經常要去田裡幫忙農作，那時鄉下人家，大家都會互相幫忙，插秧、割稻都是大人的事，不同家庭或親戚會互相協作，今天我幫你，明天你幫我。

小孩子去田裡就要幫忙除草，印象比較深刻的事，就是會在收割之後的田裡，撿那些遺落的稻穗，有時會撿很多遺落在田間的稻穗回來。當然天天也要幫忙家裡種菜，澆水除草之類的農作，家裡的菜都是自己種自己吃，都會種些比較好生長的菜，像A菜、高麗菜這類。小時候累積下來的種菜知識，讓我退休後在公司的頂樓開心農場種菜，是我目前的重要活動。

因為是家族長孫，所以阿公特別疼我，小時候會帶我去北斗吃肉圓，北斗的肉圓非常有名，現在還是很有名，那時肉圓一顆五毛錢，吃完肉圓還會買豬肉塊給我吃，那時一塊肉兩塊錢，這些我都不敢讓堂兄弟知道，他們一定會吃醋的。

小時候過年都要殺雞鴨來拜拜，爸爸經年沒空，媽媽信佛教，不想殺生，我很小的時候，就要幫家裡做這些殺雞殺鴨的事。反正小時候住在鄉下，什麼事情自己做，什麼事都會做，都要做。

家裡開剃頭理髮小店，爸爸媽媽經常都沒有空，小時候還要負責照顧兩個妹妹，妹妹很小的時候，都是我帶著她們到處玩。

我跟兩個妹妹年齡都間隔兩歲，兄妹從小感情就很好，兩個妹妹是我的小跟班，我去哪裡，妹妹都會跟著去哪裡，小時候去八堡圳溪裡釣魚啊！抓蝦啊！都帶著兩個妹妹。小時候沒有化肥，沒有農藥，八堡圳裡生態還很豐富。

父親是剃頭師，小時候覺得父親剃刀的功夫很厲害，那時候家裡的小店還是很講究，剃刀用後都要消毒過，不過，那種剃刀現在都買不到了。

除了顧家裡的店，爸爸也經常要出去「作庄」，挑了剃頭的擔子，在我們西畔村的幾個聚

重回老家，數十年滄桑，老家已是殘破不堪，只剩記憶中的畫面。

落巡迴。經營之神王永慶以前在做賣米生意時，都會算人家家裡有多少人，有多少米，會吃多久，時間到了再幫人家送米。應該學我爸爸的吧！我爸爸是算二十一天，也就是三個禮拜，大概頭髮就長長了，就會去「作庄」幫人家剪頭髮。

小時候印象很深刻的就是喜歡追車子，村莊中很少出現汽車，只要一出現車子，我們一群小孩就會一直追一直追，追到車子完全消失在我們的視線，還要依依不捨的揮揮手。我常常回想這個場景，這跟我後來從事旅遊業也有一定的關係，就很想看看外面的世界，到世界各地去走走，如果可以到處去走走看看，那不是太好了嗎？

我爺爺跟我爸媽這兩代，他們都沒有機會出國，我從事旅遊業沒有多久時，我還沒有能力帶他們出國，等到我有能力帶他們出國時，他們都已經不在，實在是人生的遺憾。

小學——勇敢的司儀

「長亭外，古道邊，芳草碧連天。」悠揚帶有童聲的男高音，隨著鋼琴的伴奏，透過擴音機，放送給全校一千多位學生聽，而且是現場唱的，不是先錄音播放，對一個小學五年級的學生來說，的確要很有膽量，這是小學生涯中最難忘的一幕。

虛歲八歲進入小學就讀，當時是民國四十五年，讀西畔村附近的成功國小，學校離家大約兩公里多，每天從家裡步行半小時到學校。小學六年過的很平順，在學校算是一個人緣不錯的乖學生，不是那麼喜歡讀書，成績還可以，在班上大約在前五名左右。五六年級時，被編入升學班，小學畢業，順利考上南彰化聯招的第一志願北斗初中，當年全校只有十一人考上北斗初中。

讀小學的時候，不一定會讀書，但是很靈光，反應快，常常有些小聰明，每每有些小聰明小捷徑的發現，常常以此傲人，就被老師取個外號叫「驕傲」。這位老師是我小學五六年級的導師謝清涼，剛從師專畢業來學校教書，只比我們大幾歲而已，跟學生感情很好，他很賞識我，也給了我很多表現的機會，建立很大的人生信心。

那時成功國小全校有一千多個學生，早晨升旗時學生排成黑壓壓的一片，謝老師看我的膽子大，不怯場，聲音也很好，就叫我擔任司儀，當時真的覺得自己很威風，這個訓練對我後來的人

小學入學時，跟媽媽及兩個妹妹到相館拍的照片。

生很有幫助。後來當領隊導遊，不怯場，或者在雄獅旅行社面對全公司兩、千千人講話，都可以應付自如。

小學時候，學校老師有兩種，一種是師專體系出來的老師，另外一種就是大陸出來的青年軍來當我們的老師，青年軍的老師有些鄉音很重，國語比我們還不標準，有時都要猜猜看，老師在講什麼？

小學三四年級的導師魏忠，就是青年軍出身，是湖南人，是宋楚瑜的同鄉，雖然講話有些口音，但是大致上都還聽得懂。我對魏忠老師印象最深刻的是，他升我當清潔股長，當班上的幹部，因為他覺得我很有愛心。

小一到小四都在玩，沒有在讀書，除了音樂之外，我的體育也很行，玩躲避球特別厲害，學業部分，記得我的數學也不錯。

小學的我，是口齒清晰，膽子大，神經粗的孩子，連續兩年當升旗典禮的司儀。（返鄉的模擬情景）

其實在擔任全校司儀之前，我也曾經在二三年級時，代表全校出去參加縣級的演講比賽，比賽沒有得名，細節部分，記得不多。後來回想這一段，小時候的我，應該是口齒清晰，膽子大，神經粗的孩子。

小二那一年，考了全班第一名，父親為了獎勵我，買了第一雙白布鞋給我，在此之前，我的人生都是用赤腳來行走的。人生中的第一雙鞋子，讓我印象非常的深刻，每天我都提著鞋子，赤腳走到學校去，到了學校再把鞋子穿好，放學到了校門口，就把鞋子脫了，一樣赤腳回家，有一次遇到水蛇從腳邊游過，嚇得飛跳起來。

從家裡到學校的路，都是土路，有泥土，有泥濘，有水窪，我怕弄髒鞋，所以都提著鞋子上下學，鞋子只在學校裡穿。

不只是沒有鞋子穿，其實也沒有錢買衣服，衣服都是用麵粉袋做的，我媽媽會做裁縫，手藝還不錯，我穿的衣服，都是媽媽幫我做的，那個年代大家都很窮，百分之八十的人，都跟我們家差不多，有衣服穿就很不錯了。

升上五年級之後，我被編入升學班，當時升初中還要聯考，學校將一到四年級時，各班成績比較好的學生，編成一班，專攻聯考。我的成績一直維持的還不錯，大約在全校前兩到三名左右。

升學班就要補習，幾乎每一天，放學之後，都要留在學校補習到六點左右才可回家，冬天的時候天黑的早，經常都要摸黑回家，有時候還要去老師家裡補習，那時候傾全家之力支持我讀

小學畢業照，前排右四是影響最深的謝清涼老師，第二排左四是我。

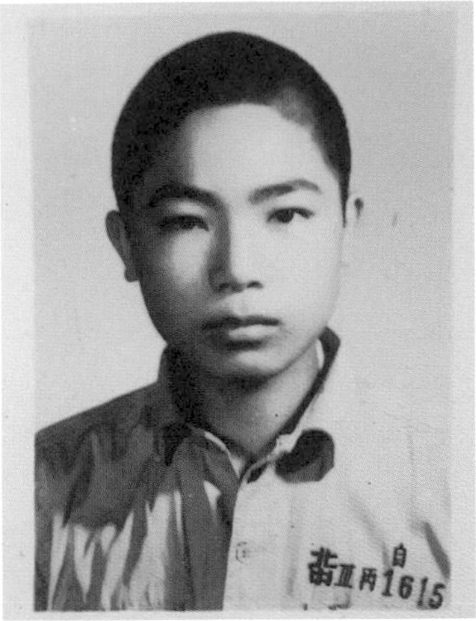

那個年代鄉下小學要考上初中很不容易，這是初三畢業照片。

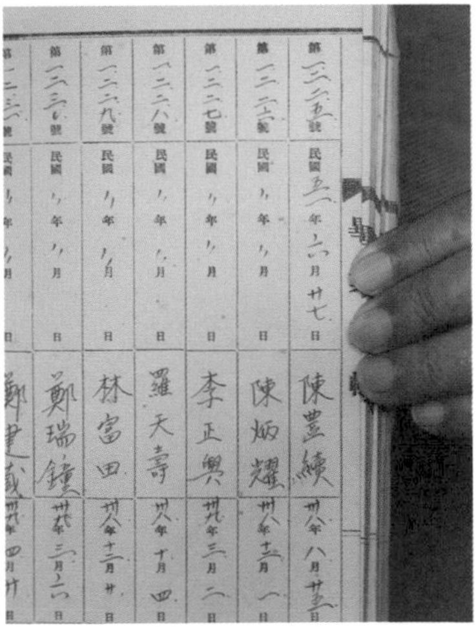

成功國小的校史室還留著小學畢業時的資料。

書，因為我是家中唯一的男生。

初中聯考只考兩科，國語跟算術，聯考成績公布，我的算術錯了一題，得九十八分，國語加上作文得到八十九分。聯考考區是南彰化的八鄉鎮，共有八所初中，北斗初中是當時的第一志願，我是全校十一人考上北斗初中的其中一人。

初中——被羞辱的記憶

初中要去北斗讀書，北斗離我家大約六公里，走路太花時間，就要坐公車了。要坐員林客運公車，成功二水線的最後一站，公車到我們村莊的時候，經常都是滿滿的，都要很用力，才擠上公車，有時候幾乎很難擠上公車。初中坐公車上學，一個月二十七元，一次買一個月的票，坐一次車剪一格車票。

上初中開學的第一天，我一輩子都不會忘記。滿心歡喜的去北斗展開初中生活，辛苦的擠上公車，搖搖晃晃的來到學校，升旗典禮的時候，教官當著全校同學的面，把我叫出列，指著我身上的麵粉袋衣服，質問我，為何全校只有我一人穿著麵粉袋衣服來上學？本來我沒有特別在意，但我仔細看過去，全校真的只有我一個人穿著麵粉袋做的衣服，我當場啞口無言，但是這件事造成了很大的傷害，真的無地自容，很想找一個地洞躲起來。

後來我一輩子都立志要脫貧，也跟這件事情有關。

北斗初中雖然是南彰化第一志願，但是畢竟是鄉下學校，師資並不好，但是學生基本素質都很好。那個年代初中是非常嚴格的篩選，考試只要三科不及格，就會留級，成功國小第一名考上北斗初中的同學，就是因為留級，結果家裡不讓他讀，就沒有念初中了，非常可惜。那個年代就是這樣，我還好沒有留級，我如果留級，爸媽應該也不會讓我繼續讀下去。

初中的日子過得很平淡，沒有什麼課外活動，讀書及老師都很普通，努力的保持學業成績，只偶爾有一、兩次不及格。絕對不要被留級，免得要回家幫忙種田及顧剃頭店。

雖然坐公車的車資，一個月只要二十七元，但是畢竟還是筆現金支出，後來我的姑姑家裡有多了一輛小腳踏車，她同意把腳踏車借給我使用，初二到初三階段，有一年的時間，我騎腳踏車上學。從家裡到學校只有六公里，騎車不會太辛苦，也不用擠公車，有時比公車更快，時間上也比較自由，但是常在午後報到的西北雨，經常把騎腳踏車的我，淋成落湯雞，但也不以為意。

北斗初中放學時，路隊分為三隊，一隊是步行的，就是住在北斗的同學，一隊是坐公車的，另外一隊是騎腳踏車，我就跟著大隊腳踏車人馬，騎出校門回家，騎腳踏車這件事，是初中上學時，最愉快的時光。

可惜後來姑姑家要用這輛腳踏車，只能把腳踏車還給姑姑，又恢復每天等公車擠公車，還要籌車錢的日子。

車錢這件事情，對中南部的民眾而言，真的是一種負擔與壓力，我後來在台北生活時，有時去親戚家裡，臨走時，他們都會問一句：「有沒有車錢！」這不是客套話，人家是真心擔心我們沒有車錢可以回家。

初中時，午餐都是帶便當，除非有家長來帶小孩，否則是不能外出吃午餐的，印象比較深刻的是，有幾次阿公來學校帶我出去吃午餐，有時帶我去吃麵，配兩片豬肉，二塊錢，有時帶我去吃北斗肉圓，一顆五毛錢，我想這是身為長孫的福利吧。

初中畢業時，因為家裡窮，我的第一志願是想考師專，因為有公費，那時還沒有彰化師專，只有台中師專。師專考試時，數學考壞了，沒有被錄取，只好回來考高中，在選志願時，我就把離家近，但是錄取分數較低的北斗高中排在第一志願。

高中聯考考區就是全彰化，那年我的彰化聯考成績是三百〇八分，第一志願的彰中只要兩百九十分就可以錄取了，員林高中兩百二十分，北斗高中只要一百六十分就可以錄取，我的分數幾乎是北斗高中的兩倍，但是因為家窮，付不起車資，我只能選擇離家近的北斗高中就讀。

北斗初中畢業時，如果成績是全校前幾名，而且家境許可的學生，會去報考北聯，幾乎都可以考上建中或北一女中，成績第二級的就會去參加中聯，拚台中一中或台中女中，以我的成績，是有機會可以去報考台中一中的，但是我連彰化高中都讀不起，更不用說去讀中一中了。

從我家去彰化超過三十公里，去員林大約十八公里，從我家去彰化高中的車錢算一算大約每個月會超過一百塊，真的付不出這個車錢，所以只好讀分數最低的北斗高中。當然那時候鄉下跟我一樣沒有車錢的人，不管考試考得如何，大部分，也會跟我做一樣的選擇。

其實後來想起來，還是應該要去念彰中，光是師資就差很多了，北中留不住好的老師，我高三時的英文老師叫楊蓮，教得非常的好，我的英文幾乎都是她幫我打下的基礎，但是好老師一下子就被挖走了，後來楊老師到北一女教英文。

後來我女兒去念北一女，高二那一年，北一女成立一百周年，有一本百周年專刊，裡面有百年名師的介紹，楊蓮老師就是其中之一，可見楊老師多好，但是好老師一下子就會被挖角了。

高中——省車錢的選擇

民國五十四年，我進入高中就讀，高中入學時的學號是用錄取分數排的，我的學號排在全校前幾名，表示我入學時的成績排名很前面，但是入學之後，就不喜歡讀書啊！所以全校的排名大約在中段而已。

高中時候都花時間在幫忙做些家事，幫家裡種田，去田間幫忙，或者到溪裡抓魚抓蝦回家食用。不然就自己弄些玩具來玩，自己做陀螺，還有很多其他的東西。那時流行漫畫《諸葛四郎》，我就用竹子削一支刀，來掛在腰間來玩。那時我家對面有一個碾米廠，老闆的兒子跟我差不多大，他們家都有訂《諸葛四郎》的漫畫，就經常泡在他們家看漫畫。

那時候玩的東西，跟現在都不一樣，但是愛玩、浪費時間、消耗青春的作法，沒有什麼不同。

北斗初中跟高中是同一所中學，初中到高中的六年，都在北斗中學度過，每天從家裡坐公車到北斗上學，放學之後就趕快坐公車回家幫忙做家事。中學生的生活平凡而忙碌，記憶中的重大事情其實不多，那時兩位妹妹都沒有升學，都到台北去工作了，家中只剩下我一個孩子，所以一放學就要趕回家，幫忙燒水給理髮的客人洗頭。

如果父母親外出「作庄」出去巡迴理頭髮，兩人都不在時，我就要自己煮飯煮菜，不然就沒有東西可以吃了。

高中時，鄉下地方念書的人很少，去北斗念高中的，全村只有我一個人。後來念大學，也是全村只有我一個，是當時全村的名人，到村口隨便問，大家都知道村子裡唯一的讀書人陳豊續。

課業之外，印象比較深刻的高中生活趣事，在高三時，學校升旗典禮的司儀，是由高三男生輪流擔任，因為我小學五六年級，就擔任了兩年的全校司儀，當司儀對我一點都不難，但是有些同學就不敢上去，都會請我幫忙代打代班。代班司儀的代價是一次一碗麵，因為幫忙同學當司

高中跟初中都是同一所學校，在北中度過了六年的中學生涯。高中畢業照。

儀，高三時經常有吃不完的麵。

念初中時，是男女分班，高一也是男女分班，到高二及高三，我選擇讀自然組，全校選自然組的女生只有八人，全都分到我們這班，是中學時男女同班的時段。雖然高中生情竇初開，但是那時家中很窮，讀書中等，運動也不特別優秀，放學就早早趕公車回家，根本沒有交女朋友的想法。

北斗高中的學生素質其實不算差，那個大家都貧窮的年代，很多程度不錯的學生，都因為經濟因素，而就近選擇讀北斗高中，鄉下高中老師的師資跟大城市相比，我查是還是有差距，那時候很多老師，還都是青年軍轉來的老師，連話都聽不懂。

印象比較深刻的是化學老師教我們背元素表：「鈹鎂鈣鍶鋇鐳……」，我們只是傻傻的按著順序背，根本不知道這些排列的原則跟道理，其實這列的元素都是正離子，由上而下原子量越大，但是當時是「知其然，不知其所以然」，這些都造成後來我們考大學時，成績普遍不理想的原因。

後來自己慢慢長大之後，對於好老師的感念更是深刻。回想中小學的學習生活中，最感念的兩位老師，就是小學五六年級的謝清涼老師及高三的英文老師楊蓮，楊蓮的英文都教得很難，那時的大學聯考英文題目都很難。楊蓮教的英文，是跟大學聯考一樣的難。楊蓮的教學，對於我的英文能力有重要的提升。楊蓮被北一女列為立校百年名師之一，也可以想見有多少的學生對她十分感念。

高中最重要的事情就是考大學，那時大學考試分為甲乙丙丁四組，甲丙組是自然組，乙丁組是社會組，我高中念的是自然組，報考的是甲組，那個年代的第一志願都是物理系，一方面因為物理是科學的基礎，另外應該也有受到華人（李政道跟楊振寧）得到諾貝爾物理獎有關。所以我的第一志願也是物理系。

那個年代很少人補習，北斗也沒有補習班，絕大多數的人都沒有補習，就算有補習，頂多也是請個家教來家裡教，我連車錢都付不出來，當然不可能有錢請家教補習，我們只是自己讀讀書，準備考大學。

考大學那一年是民國五十七年，九年義務教育成立的第一年，我印象非常的深刻，那幾年北中考大學的錄取率還不差，我同學的哥哥林道平，比我們大六屆，也

當年的北斗初中高中已經消失，校址現為北斗國中，這個校園有我中學六年的回憶。

是北斗高中第一個考上台大醫學系的學長，那時真的是轟動全鄉的大事，北中雖然師資不太好，但是每年都有一兩位考上醫學系的學生。

高中時以為自己很厲害，一定可以考取大學，從來沒有想過大學會落榜，但是放榜的結果，真的沒有考上，還差了二、三十分，有點意外。落榜之後，才知道那時的大學錄取率只有十四%。後來想想沒有錄取也不令人意外，自己不用功，學校師資也不好。

甲組考不上大學，大部分都是因數學、物理、化學考不好，我也是死在這三科，數學考了三十多分，算是相對高的分數，但是沒有用，總分不夠沒有錄取。我記得我的國文、英文及三民主義三科考得還不差。

高中同學中，印象比較深刻的同學是班長林清山，他的第一志願應該是醫學系，他考丙組，但是沒有考上醫學系，考上同是丙組的輔大體育系，後來去師大拿到博士學位，一直在學術界發展。

入伍前的打工——高不成低不就

大學沒有考上，有點失落，就不想再讀大學了，但找工作不順利，大部分都是打工性質或是外務員，薪水都不高，一個月大約只有四、五百塊。但是我沒有洩氣，因為我一直是一個樂觀積極的人，「積極的態度是青春的見證，辛苦的汗水是生命的源泉」，這是我的座右銘，當時想說先找個臨時的工作，等當完兵，再來找正式的職業。

在等當兵的日子就開始翻報紙找工作，高中畢業，無一技之長，也能當當臨時工或是跑腿的外務員，找到的第一個工作，是打字行的外務，工作地點在台北，台北工作機會比較多，跟爸媽說明之後就來台北打工，那時兩個妹妹都在台北工作，我到台北的工作，公司也有提供簡單的住宿的地方。打字行的外務就是負責去收件、送件、收錢，工作沒有未來性，做了幾個月就辭職回彰化。

後來在彰化參加了救國團的打工團，也非常的有趣，當年大部分人都是花錢參加救國團的活動，但是我參加的是救國團暑期割草團，去大肚溪割草，做公益活動，是有薪水收入的活動營隊。

後來回到彰化，在彰化市的一家花店當外務，工作性質就是騎著腳踏車，到處送花收錢。一直到入伍前，都持續從事幾個短期打工的工作。這是那個時代等待入伍的男生共同的生活經驗。

當兵的歲月——社會化的起點

民國五十九年一月六日徵召入伍當兵，新訓中心在台中車籠埔，當年當兵有一句話說：「血賤車籠埔、淚灑關東橋。」車籠埔的新訓中心是出了名的硬，「車籠埔就是墓仔埔」，出操上課非常的累，兩個月後新訓結束，就下基地受訓，準備要去外島。

基地在屏東林邊，一下基地，班長就問誰有採購經驗，我很勇敢的舉手說我會，雖然沒有真正的採購經驗，但是我不想再過車籠埔那種出操訓練「墓仔埔」的辛苦（當時當兵每年都操死很多兵），希望能爭取到採買的機會，減少出操上課的時間，而且我相信我可以做一個好採買。

機會是給勇於爭取的人，我在林邊基地當了四個月的連部採買，而且做得非常的稱職，也是我人生第一次使用到「結構性毛利」的概念來做事情。

當時我負責採買的連隊約一百三十人，一個人每天的副食費是八元，採購起來的量是很大的，我集中在少數的商家進行採買，壓縮談判的空間，拿到比較好的價格，而且不收回扣，商家都喜歡跟我做生意。每天要購買四菜一湯，都會有多餘的錢，我再把多餘的錢，買水果給全連官兵，連續四個月的伙食評比，我們連隊都是全基地第一名，別連都很羨慕我們連上吃得好，還有水果。

我第一次發現自己很會談判，雖然沒有什麼工作經驗及生活學習經驗，但是我會把課堂中學到的概念，應用到生活之中，我覺得自己比較擅長這個。而且會從錯誤中修正學習，有一次不小心買了豆芽、豆腐及四季豆，一餐中「三豆齊發」，我就覺得不對，都是豆類相關製品，營養價值相近，就會修正錯誤之後就不再犯錯。

另外，就是商店會經常給我菸，我不抽菸，就把菸送給伙房，特別交待伙房要把菜炒好吃一點，他們拿了菸，炒菜都特別用心，畢竟菜買得好，還要炒得好才行啊！我把這個額外的好處，也順便做成了公關，也是一舉兩得。

這些都是從當兵採買中學到的經驗，對我後來的工作也產生了很大的影響。

離開基地就坐著軍艦來到外島金門，下連隊當軍械士，當時連上長官見我反應快，就直接升我當士官，初到金門的駐地在料羅灣，跟著輔導長每天巡據點，六點關閉陣地，關閉陣地之後的通行就要靠口令，每天都很怕記錯口令。那時最怕巡到菜鳥兵，不小心就會被自己人打到。

那時最常見的口令就是問：「你是誰？」答：「鄧麗君。」問：「幹什麼？」答：「去唱歌。」口令分三段，不能弄錯，弄錯就會開槍，那個年代在金門開槍是很普通的事情。有一次我在海防站哨，突然有聲音，我一拉槍機，卡啦！卡啦！子彈上膛，瞄準要開槍，後來貓跳出來，我才沒有扣板機。

不久之後，部隊移防到小金門，駐守最前線的沙溪堡，跟廈門非常的近，沙溪堡是一個半

分發到前線金門，一去經年，父母特別從彰化南下屏東，合拍了一張照片。

島，突出於海中，三面環海，只有一條路通往陸地，跟最近的村落青岐還有二公里遠，休假我們會跑到青岐聚落的小商店玩，晚上六點關閉陣地之後，任何人都不能進出陣地。

那個還是八二三砲戰之後的單打雙不打的年代，有一次大陸的宣傳彈打過來，正好就落在我身邊大約五公尺遠的地方，宣傳彈雖然不會爆炸，但是被直接打到，或被碎片擊中，也是會致命的，那是我在當兵中，最接近死亡的一次。

因為是軍械士，天天都要跟槍械為伍，當時使用的是M1步槍跟45手槍，我熟到閉眼都可以拆裝這兩種槍。外島當時沒有電，我們陣地的發電機也都歸我管，這些都是非常難得的人生學習經驗，我一直認為男孩子當兵，是人生很好的訓練。

我的不怯場、反應快，口條清晰，也讓我在服役時有發揮的空間，當時只要有長官巡視，不管是司令官、部長、院長，連隊都會安排我站在第一個，接受長官的垂詢，我都可以對答如流，長官很放心我，我也對自己充滿了信心。

在那個反共救國、殺朱拔毛的年代，男兒服役總是充滿了報效國家的念頭，由於跟大陸太近了，幾乎可以看到共軍的活動，那時我在站哨時，就經常在想，如果共軍來犯，我會抱著必死的決心，但是至少要有五十個共軍賠命，用50機槍最好，射程三千公尺沒有死角……我經常這樣想。那就是一個肅殺的時代，金門前線跟戰爭非常非常的接近。

沙溪堡位在小金門的西南端，跟大膽島及二膽島很近，跟廈門間形成一個三角海域，國軍經常在金門及廈門之間的海域進行火網交叉射擊，火炮從小金門各炮陣地及大膽、二膽炮陣地中，共同對海中的某一目標點進行射擊，那個場面非常震撼，被射擊的目標點，一定會被徹底的摧毀。

火網交叉射擊的概念，對後來我在從事雄獅的行銷活動時，有很好的啟發，我們把資源集中，攻擊最重要的目標點，是最容易成功，也最容易達成目標。

在金門服役的一年半，沒有放假回台灣，那時也沒有電話，家裡的情形都只能靠寫信來說明。那時候在部隊當一個士官，薪水只有二百元，我都省吃儉用，很多阿兵哥都要寫信回家要家裡寄錢來花用，我努力存錢，每三個月會寄一次錢回家，一次寄個兩、三百元。我用寄錢回家的方式，跟爸媽報平安，很想念家裡，但是我相信爸媽看到我寄回來的錢，就知道他們的兒子一切安好。

我覺得我媽媽後來身體變得很不好，跟

沙溪堡位於小金門南端，是前線中的前線，肅殺氣氛中，當兵的人都有隨時開戰的準備。

我去金門服役太久沒有回家也有關，因為太過思念兒子。

我寄回去報平安的錢，父母親都沒有用，都存下來，等我回台灣時，把錢全部還給了我。但是最後也都是用在他們的醫療費用上，我父母一生身體不好，運氣也不好，這也是人生的無奈。

退伍準備考大學——一切為了找工作

民國六十一年一月退伍回來台灣，開始認真的找工作，經過一個多月，始終找不到合適的工作。當兵前人家不想僱用你，是因為還沒有入伍，退伍之後想認真找工作，才發現高中畢業，高不成低不就，一樣找不到好工作，於是就死心，決定重考大學。

在我入伍這段時間，家裡也有重大的變化，那時兩位妹妹都在台北工作，我又在金門當兵，爸媽就關掉了彰化老家的店，搬到台北來生活，在廈門街開了一家理髮店，這樣可以跟兩個女兒生活的比較近一點。

但是在廈門街的理髮店收入不夠付房租，開了一年多就收掉，生活就靠妹妹的工作收入。那時住家就租在青年公園附近克難街的老房子，房間面積只有四坪大，兩個妹妹住在工作的宿舍。等我退伍回來，直接到台北跟父母一起住在四坪大的小屋內。

父母搬來台北我並不知道，在克難街的居住品質很差，兩個人的身體都不好，住在陰陰暗暗的小房子內，連抽水馬桶都沒有，還是古早便坑的型式。我有跟父母親表達不滿，後來我考上大學之後，就讓他們搬回彰化老家居住，生活條件才有改善。

當我下定決心要重考大學時，有去補習班試聽了一個禮拜，發現補習費要五、六千元，而且講的跟高中課堂差不了多少，我就想算了，自己讀就好。

開始讀書時，發現數學、物理、化學都還給老師，全部忘光光，準備考試的時間不多，就決定轉考文組，反正文組有念有分數，當時還要考的三民主義、國文，這些都可以自己念，英文也差不多，歷史跟地理也是念了就有分數。

開始自修之後，因為家裡太小，我每天都去桂林街的城西圖書館看書，苦讀了幾個月，後來在圖書館認識了三個志同道合的好朋友，一起相互鼓勵、一起苦讀，後來我們三個人，一個考上政大、一個考上中興、我考上了輔大。

七月大學聯考還沒有放榜前，我也去考了夜間部，男生退伍之後，就可以考夜間部，當時夜間部放榜，考上了中興會計，以分數來看，我可以考上台大夜外文，但是當時一心一意想念的就是以就業為主的科系，根本沒有填台大外文系。

大學聯考放榜之後，錄取了輔大日文，當時輔大日文是各校日文系的第一志願，非常高興考取了輔大日文。在輔大日文及中興夜會計兩系之間，後來我選擇了輔大日文，一來我對日文系比較有興趣，而且夜間部要念五年，我不想再多花一年的時間。

回想這一段考大學的歲月，真的是有破釜沉舟的決心，我還請我堂弟幫我領表，三專的報名表，萬一大學及夜間部都沒有考上，就報考三專，總之，一定要念大專。因為我很清楚的看到未來，沒有大專學歷，不會有好的工作機會。

民國六十一年考大學時，是先填志願後考試，我在選填志願時，選系就是以就業為取向，退伍在找工作時，報紙上的求職需求中，很多的條件都是要英文或日文，所以我在選填志願時，語文科系填在很前面，那時有日文系的是輔大、文化、淡江、東吳，輔大分數最高，我把輔大日文填在最前面，就錄取了。

大學——妹妹賺錢提供學費

大學四年生活雖然很辛苦，但是還好有兩位妹妹的支持，我才能順利的完成大學學業。

考上大學之後，家裡人商量未來的生活，決定讓爸媽搬回彰化住比較舒適寬敞的房子，自己家還有些地，可以種菜來吃，生活品質比在台北好很多。

那時家中主要的收入是兩個妹妹的薪水，媽媽決定，大妹的薪水就負責供給我的學費及生活費，二妹的薪水就負責家用。以前窮人家的小孩都很顧家，兩個妹妹工作賺來的錢，幾乎都拿回家，我打工賺的錢，還有當兵節省下來的薪水，也都交給媽媽。

很感念兩位妹妹為家中辛苦打拼，也很佩服她們的吃苦與上進，她們小學畢業沒有考初中，國小畢業的小女生，單身一人，離鄉背井，到人生地不熟的台北工作，因為只有台北才有工作的機會，當時很多鄉下的小孩，小學或初中畢業都往台北跑。

每次我聽到那首台語歌《孤女的願望》：「請借問播田的田莊阿伯啊！人塊講繁華都市，台北對叼去，阮就是無依偎可憐的女兒，自細漢著來離開父母的身邊，雖然無人替阮安排，將來代誌，阮想要來去都市，做著女工渡日子，也通來安慰自己，心內的稀微。」心中很有感覺，就是我兩個妹妹來台北的寫照。

大妹來台北之後，就一直在餐廳當服務生，賺取微薄的勞力薪資。二妹來台北之後，還自己去補習了英日語，就在飯店櫃台當接待。當時兩個妹妹的薪水，一個人一個月大概就是三千元左右，加起來約

大學學費及生活費，都靠妹妹工作賺錢提供，兩位妹妹跟她們的朋友，一起來參加畢業典禮。

六千元，除了兩人省吃儉用的少少花費外，大部分的錢都拿回來養家。我就靠著二位妹妹勞力賺來的薪水，度過大學四年。

進入大學時，我們家還住在台北，因此無法入住輔大宿舍，必須在外面租房子。那時候房租四百元，我妹妹一個月大約給我兩千元左右，扣掉房租及一些生活費，每天的伙食費很節制，那時我規定自己每餐餐費不能超過八塊。

如果吃自助餐，我就點兩道菜，多吃點飯。如果吃麵時，我就加買一條土司，分成四次，一餐就是一碗麵加上四分之一條土司，這樣才有飽足感。

在日文學習上，是沒有什麼障礙，因為有很多跟台語很像。日文本來就是大化革新之後，日本學習唐朝，字形是從中國文字發展出來的平假名跟片假名，字音則保留日本的母音。日語比較難學的是文法的變化，不過認真用邏輯去理解，也不會太難。

日文系上課都是用日文上課，課堂上要學會話，會話比較沒有問題。也要學寫作文，作文就比較難，因為我們都已經成年，想法比較多，但是會用的日文字彙比較少。大二的時候開始有作文課，當時的謝良宋老師，還在課堂上，朗誦我寫的作文給同學聽，表示我的作文應該寫得還不錯。

當時台灣只有四所大學有日文系，會日文的年輕人很少，所以畢業之後的就業機會還滿多的，輔大日文又是第一志願，需要日文的工作，輔大畢業生都很受歡迎，像我去應徵的第一個工作，華南大飯店的櫃台人員，基本資料問完，講兩句日文對話，就錄取了。

大學時期參加社團活動也不是很多，只參加過輔大登山社，但是只會去爬一日來回的郊山，雙北的郊山，大概都爬遍了。如果要去爬三天兩夜的大山，要住宿，要另外的花費，我就不會去參加。

大學時代沒有花太多的時間去打工，因為我想安心且專心的讀書，那個時期的生活雖然辛苦，因為有妹妹的支援，節省一點過簡單的日子，生活都還過得去。

唯一一次打工的經歷，就是大四的時候就去補習班教日文，教一些基礎日語，五十音等等，在台北市的延平北路的一間日語補習班，但是工作時間沒有很久，只有幾個月。不過在打工時間，卻發生了一個小插曲。民國六十四年，我是日文系大四的班代表，當年老蔣總統過世，蔣夫人是學校的董事長，輔大在中美堂舉辦了一個紀念活

大學只參加登山社的活動。不用花錢的郊山，才會跟同學去走走。

動，因為跟工作時間衝到，我沒有去參加紀念會，結果被學校記了一個警告。

我們班上有三位是退伍之後，再來讀大學的，我是其中之一，年紀比同學大三到四歲，其實在大學階段，大三到四歲沒有特別的差異感，但是有當過兵的人，就多了一段人生的磨練，多了堅毅跟柔軟，比較能忍受挫折，個性也比較穩定，不會動不動就跟人家有衝突，班上同學的相處情形，當過兵的更融洽。

當兵兩年，我學到很多，不只用在學校跟同學的相處，後來出社會工作，也有很大的影響，一點都不覺得在浪費時間，男生如果有機會當上兩年兵，對未來的人生會有很大的幫助，現在役期只有四個月，什麼都學不到，實在是浪費時間。

大學生活過得很平順，大部分的時間都在讀書，有空的時候跟同學去爬爬郊山，錢剛好夠用，因為沒有多的錢，不敢交女朋友，交際應酬也很少。

其實我在雄獅工作的前十年，交際應酬都很少，因為從小就沒有錢，所以幾乎很少跟朋友及親戚互動，人在貧窮的時候，還會有往來的親戚朋友，都比較特殊啊！我就一直很感念我的舅舅，在我們很貧窮時，一直都對我們家很好。

第一份正式的工作——華南大飯店櫃台

我的第一份正式的工作，是位於新北投的五星級溫泉旅館——華南大飯店，日本人很喜歡來這裡消費，櫃台人員一定要會講英文跟日文。

大學畢業前就開始找工作，華南大飯店是我面試的第一家公司，只要是輔大日文系畢業，他們都很喜歡，主試官員只問了兩句，就錄取了，當下很慶幸自己念了日文系。

第一份工作的薪水九千元，相當於現在大約三萬元吧，職位就是櫃台人員，那時華南大飯店有三種主要的客源，一種是講日語的日本人，一種是講英語的國際客人，另一種則是講台語的台灣人。

那時候新北投有很多「那卡西」，台灣人跟日本人都很喜歡，很多知名的歌星都來駐唱，像江蕙就常來這裡。

華南大飯店是國際線的五星旅館，國際班機有時為了躲颱風，會集體進住華南，有時一班七四七的班機降落，就會有好幾百位國際客人住進來，華南有五百多間客房，才可以容納這麼多的臨時客人。

另外一個營業大宗就是「酒桌」，那卡西的陪酒文化，那時還有公娼制度，沒牌照的混著有牌照的女侍，陪侍喝酒，台灣人非常喜歡，但是常常有黑道趁機鬧事。

在華南飯店，我有兩次處理喝酒鬧事的經驗。有一次來了幾位看起來就是來者不善的兄弟，一看苗頭不對，我就跟他們說，今天生意太好，漂亮的小姐都被點走了，本來說得差不多，對方正想要離開，結果董事長陳振華剛好進來，說：「有！有！有！小姐多的是。」

客人就上樓消費，結束之後，他們居然要簽帳。但是簽帳在飯店原則上是不允許的，我就把大部分的客人都安排坐計程車送走，把有醉意的老大留下，跟他說他還沒有喝夠，請小姐帶他到房間喝酒。一到房間黑道老大就睡了，我就把他的衣服鞋子都脫掉，第二天老大起床找不到衣服鞋子，勃然大怒，國罵台罵都上陣。

我馬上請保全的楊主任，找來十多位身材壯碩的保全員，陪著老大喝咖啡，請他拿出信用卡，把昨晚的費用結掉，黑道當然沒有信用卡，只好打電話邊罵邊籌錢，最後結清了兩萬多塊錢，才放人離開。

這件事算是比較圓滿的解決了，另一件糾紛就比較麻煩，後來還出了人命。

會來飯店吃酒攤的，很多都是黑道的，黑道大哥吃完飯喝完酒，都想要簽帳，如果是熟客，通常都有飯店的服務人員（業務代表）來接待，他如果要簽帳，就會由服務人員來執行。但是如果是散客，沒有服務人員，就由公司的值班人員來負責收帳。

那天我是值班人員，這組消費的黑道大哥是散客，沒有特定服務人員，當大哥消費結束要離開時，說要簽帳，我剛到公司沒有多久，還很菜，櫃台的楊主任就出面來處理，才說了第一句：「我們是吃人家頭路……」話還沒有講完，老大就拿花盆砸了過來，幾個人就把楊主任拖出櫃台打，又拿槍又拿刀的。

我馬上打電話報警，現場一團混亂，警方過了兩個多小時才來現場處理，最後出了人命，事情鬧得很大，楊主任受傷住院。

那時我剛來上班，楊主任處理黑道的方式就太直接。後來我發現，黑道大哥都很愛面子，你一定不能在他的小弟或朋友面前，沒給他面子，跟黑道談事情一定不能「一對多」或「多對多」，一定要「一對一」，要在人前給夠他面子，事情才好談。

後來我處理黑道大哥想簽帳或其他問題時，一定會給足對方面子，才好辦事。

這也是「結構性毛利」的一環，你當然不能一對多，也不能多對多，你十幾個人跟對方十幾個人，就算打贏了，對方也要想辦法討回來，到最後一定還是輸。

其實櫃台工作，每天都要面對一大堆奇奇怪怪的事，奇奇怪怪的人，其實不簡單，也很辛苦，也有一定的風險。

從華南大飯店到東南旅行社

在華南大飯店當了兩年的櫃台，當時我們客房部的經理陳振民（雖然名字跟董事長陳振華只有一字之差，但是兩人沒有關係），就是我的主管，他本來就是東南旅行社的大股東，想回東南旅行社當總經理，有一天陳振民問我：「陳豊續，要不要跟我去東南旅行社上班？」我馬上回說：「當然要。」當時東南旅行社很大，就算你的英日文都很強，如果沒有特別的關係，也很難進去東南的。

因為老闆認識我，他們都知道我會英日文，所以沒有面試就到公司上班。後來把我調到航空部，當Continental Airlines（大陸航空）跟Western Airlines（西方航空）的業務代表，因為他們知道我的能力可以勝任。

當時我在華南大飯店做得還不錯，公司也很器重我，跳去東南旅行社做業務，薪水一樣是九千元，沒有比較多，但是我沒有任何猶豫就換去東南。我有一個對工作的想法，這個想法很重要，是要傳給子孫及年輕人，要了解這個想法。

「一項工作，做一天跟做十天是一樣，那就不要做那個工作，如果做一天跟做十年也是一樣的，也不要做。就是要做每天都會進步，要做會累積你知識跟經驗的工作。或者你的薪水越來越高，而且有明確的未來性，才可以全心的投入。」

在這個想法上做評估，做櫃台工作，十年後還是櫃台，頂多就是做到經理，櫃台經理或房務經理，職位、收入增加機會都有限，學習的空間也不大，所以我才想找機會離開。

那時我評估飯店裡的職位，都是用大量的人力，像「服務生」、還有「客房部」的「清潔人員」跟「作床人員」都有專門的學問，但是怎麼做都是一樣的，做一百天也一樣，不會進步，都是固定的工作型態。

不要做這類工作，我年輕時就有這種想法，但是當時沒有理論基礎，很多想法的形塑，都是退休後的經驗，自己慢慢整理出自己的想法跟理念。

總結一下，我對工作的三個定義，第一，工作如果做一天跟做十年都是一樣的，那就不要做，因為沒有未來性（日文：將來性，SHOLAISEI）。第二，如果不會累積知識與經驗的工作，不要做。第三，不會因為工作經驗及能力增加，而快速增加薪水的工作，也不要做。

到了東南旅行社之後，做的是旅行社的業務員，負責賣機票，辦理客戶出國業務，那時還沒有開放出國觀光，護照不好辦。辦護照是一門專門的學問，就跟賣房子的代書一樣，比賣房子還複雜，但是代辦費用比房子代書便宜多了。

進到東南不久，報考了領隊的考試，那時是觀光局負責招考，考試對於有準備的人來說，不算太難。考到執照後不久，民國六十七年，執行人生第一次帶團出國，帶去香港及新加坡的「星港團」，算是考試及格之後的帶團實習。

第一次帶團沒有經驗，準備的不夠，這一團成員人數不多，不到二十人，行程一共八天，是屬於航程比較近的地區。第一站到香港很順利，但是到了新加坡之後，聯繫上出現漏失，當地的導遊沒有到機場迎接我們。

所以就先坐車到旅館，雖然只有短短二十多分鐘的時間，但是非常的難熬。不可能這二十分鐘，領隊都不講話，但是當時的我沒有準備，又沒有經驗，這二十分鐘要跟客人講什麼？就很傷腦筋了。全程中我跟客人講東講西，講了很多其他跟新加坡無關的事情，但是我想客人應該是想多了解新加坡，可是本地導遊沒有來，我這個菜鳥領隊也沒有準備，就無法在車程中，介紹新加坡。

有了新加坡那次經驗之後，我就很深刻的感受到，做旅遊業，一定要多念書，一定要隨時做好準備，任何時候，都可以上場應付場面。任何時候，即使有導遊，也要做沒有導遊的準備。這也養成後來無論遇到什麼事情，我都要追究到底，一定要知其所以然。

第一次帶團結束，再回來當旅行社的業務，一直到一年多後離開東南，都沒有再帶過團，因為東南旅行社人很多，要排隊帶團要等很久，星港團人少，距離近，錢也少，公司才會排給我們這種新人來帶，接下來就要再排隊等機會。原則上，長天數，長距離，高佣金的團，公司都會給有經驗的人來帶，輪不到新人。

到東南的第二年，公司接了美國大陸航空（Continental Airlines）跟美國西方航空（Western Airlines）的機票經銷業務，派我到航空部，當這兩家航空公司的業務代表。因為負責機票業務，認識了雄獅的人，改變了人生。

正當我的事業要開始起飛時，有一天接到妹妹的電話，告訴我父親去世的消息。父親得了攝護腺癌，發現時已經是第四期了，送到長庚進行手術及化療。那時沒有健保，醫療的花費非常可觀，家裡的積蓄早就花光，剩下不多的田，也全部都賣掉，籌父親的醫藥費，家裡的能量全部都投入父親的治療，氣力放盡，時間大量投入，還是沒有救回父親。

所有的資源都用完了，口袋中沒有半毛錢，當時真是人生茫茫啊！那時在航空部同事Rita看到我眉頭深鎖，眼神茫然，就問我發生了什麼事？我告訴他父親過世，沒有錢辦理後事。其實那時跟Rita同事不久，認識也不深，Rita馬上就借我十萬元，就憑著這十萬元，才能順利的送走父親。

三個月之後，我籌了十萬元還給了Rita。一輩子都感謝Rita在急難之中，伸出援手，濟人之急，解人之厄。Rita自己單親，帶著一個小孩，很能體會別人無錢的難處，而願意幫忙。

後來我到了雄獅旅遊，專門經營美西團，Rita也移民到了美西，我有空就會去拜訪恩人，連續三年。後來，再去美西電話卻已不通，聽別人告知，Rita搬家了，自此就失去了音訊，很可惜，很期待等再次拜訪這位恩人。

到東南旅行社的二年多之後，民國六十八年十月十日的國慶日，中正機場開幕，同時也宣布開放觀光，台灣從鎖國步入開放，這是台灣觀光旅遊業劃時代的里程碑，那天我代表東南旅行社，參加了中正機場的啟用儀式，當天的印象非常的深刻，那時中正機場是全亞洲最先進的機場，我在機場到處參觀，對旅遊業的未來充滿了期待與希望。

投身雄獅——尋找帶隊機會

因為負責航空公司的業務，所以認識了雄獅旅遊的人，那時就發現，雄獅的員工人數雖然少，但是出團的業務量卻很大，吸引我的注意。

那時東南是很大的旅行社，有執行入境（Inbound）、出境（Outbound）跟本土（Local）的業務，而且老闆也認識我，如果一直待在東南，應該也是有發展的機會，但是可能要等很久，才有機會出頭。

於是我主動要問雄獅窗口線控（Route Control）曾紹英，雄獅有沒有缺人？有沒有出國機會？帶團情形如何？等等……因為那時候，帶團收入比較好，薪水九千元，帶團有三到五萬，而且只要工作十多天，當然如果有機會可以帶團，當然比較好。

如果持續待在東南，等到可以帶美國團，可能要熬十多年。當時雄獅只六個人，東南有八百多人，光是人數就多了一百二十倍。我還是決定投身雄獅，因為我知道雄獅的機會比在東南大很多，在雄獅我有機會可以獨當一面！

當時的東南旅行社是台灣數一數二的大旅行社，在中山北路的大樓雄偉的不得了，反觀雄獅資本額只有一百二十萬，員工連老闆才六人，連旅行社執照都沒有，只是個靠行的旅遊品牌。

當時很多人問我，為何要放棄大東南加入小雄獅？我除了看到雄獅帶團出國的機會點之外，我主要看到雄獅工作人員少，但是出團量大，充滿了活力，營業額非常大，未來的機會比東南大得多。

事後回想起來當時的決策，如果持續待在東南工作，安全又穩定，未來幾年的路就在那邊，看得清清楚楚。但是加入雄獅，則是前途一片茫茫，機會雖多，但是要全靠自己劈荊斬棘，沒有人會為我安排前程，前程全靠自己安排。

這個選擇，是生涯的賭注，我選擇下注「機會大的」，而不是選擇留在「穩定安全」的環境中。因為我一直是一個積極的人，「積極的態度是青春的見證，辛苦的汗水是生命的源泉」，這是一定要讓我的子孫知道的座右銘。

第2章

雄獅與我

進入雄獅，草創成長（一九七九—一九八五）

雄獅還不是一家公司

民國六十八年年底，正式投入雄獅旅遊，那時雄獅靠行在天一旅行社內，辦公室在民權西路，雄獅委身在天一的辦公室，只有幾五、六張桌子而已。連老闆吳鐵城在內，當時員工全部只有六個人。

那個年代旅行社是特許行業，旅行社的牌照是被管制的，全台灣只有兩百八十七家旅行社，不許新設。要經營旅遊業，必須要去頂下原有的旅行社，才能執業。雄獅初期不是以一個正式的旅行社在營業，只是以一個旅遊業的品牌，靠行在天一旅行社，算是天一旅行社的一條營業線而已。

那時天一旅行社內，像雄獅這樣的靠行品牌，大約有六、七組，一組就是一排辦公桌，一組就有一個老闆，有些老闆會來上班，有些老闆不會來上班，雄獅當時的老闆吳鐵城，不常來上班。

雄獅在天一旅行社中的辦公室環境，跟東南旅行社真是天差地遠。但是我沒有時間想太多，這是我決定的人生，要走出東南舒適圈，投入未知前程的雄獅奮鬥團。

初到雄獅的工作，就是業務加帶團，業務工作就是要去招攬生意，老闆以副理任用我，當雄獅的業務主管，要帶三、四個業務兼領隊的成員。由於老闆都不會來上班，我一到公司就成為雄獅最主要的代表主管，曾紹英是線控，負責內部事務，對外業務是由我來負責。

剛進雄獅時，雖然我是比較資淺的領隊，但是老闆要我帶業務團隊，帶領一個經驗比我豐富的團隊，我想當時老闆的想法，主要因為我的大學畢業學歷，在當時的旅遊業中是非常少的，再來我有日文的背景，也有正式的領隊證，最重要的當過航空公司的業務，因為這些因素，一進雄獅，就成為業務主管。

跳來雄獅，最重要的事情，就是要帶團。如果還在東南旅行社，光是要排隊等帶團出國的機會，不知要等多久，但是一到雄獅，馬上就有出國的機會。

第一次出國的機會，就是當時西北航空安排的一個Agent Tour（旅行社團），目的地是夏威夷，航空公司招待五、六家的旅行社，前去探勘他們新的旅行點，每家旅行社一個代表，我就代表雄獅旅遊參加這個旅行團，那是一個非常難得的經驗。

這是我第一次去夏威夷，那時台灣還沒有直飛夏威夷的飛機，要去夏威夷要從東京或琉球轉機。應該是航空公司想要爭取直飛或要拓展夏夷威的旅遊市場，才有這個Agent Tour的招待團，整個旅遊考察的行程是八天，非常好玩。

民國六十八年，當時台灣剛剛開始開放觀光，一切都是草創階段，日本大約比台灣早十年開放觀光。我的第一次夏威夷的考察之旅，算是見識到日本旅行團的經營模式，那時日本去夏威夷的旅行團能量，比台灣大很多，他們都是包機到夏威夷旅遊。當時台灣旅遊業，要赴夏威夷的旅行團，還沒有開始組團，日本已經進行了包機業務，台灣差日本非常的遠。

西北航空的飛機當時從台北到東京，再轉機到夏威夷，到了東京機場時，我很仔細的觀察日本旅行社的作業模式，因為日語我很通啊！也順便跟日本旅行社同業，詢問一些工作內容及方式，學習到很多知識。光是包機的業務就有很多細節，如果沒有經驗，是很難進行的。後來雄獅也學習了日本包機旅遊的業務模式，開拓了極大的商機，就是我在這次考察行程中的最大收穫。

我細細觀察日本旅遊業非常複雜的細節操作，我知道一定要建立ＳＯＰ（Standard Operating Procedures，標準作業流程），因為我的個性，從小就有建立ＳＯＰ的習慣，不論在做事情或是念書的過程。

所以我一邊考察，一邊試著把旅遊業接觸到的相關行業，拆解成一件一件的元件，在安排旅行團的過程中，就是按ＳＯＰ把這些元件，一件一件的重組，這些後來影響我經營旅遊業一輩子的想法，就在這次考察中，一點一滴的萌芽。

夏威夷這趟考察的旅行，見識了到先進國家對旅遊細節的安排，夏威夷當地旅遊資源的規劃，細心周到，面面俱到，印象深刻。這讓我深刻體會到旅遊業，業務標準化的重要，特別是當時台灣社會，才剛剛對外開放旅遊業務，一切作業都在混沌摸索的時期。

雄獅B2B業務，標準化的建立

雄獅的業務，是靠經營同行起家的（就是B2B，Business to Business），業務對象就是同行，就是其他旅行社。當時的旅行社要出團，會碰到幾種情形，第一是出團的規模人數不夠，可能一家旅行社只有兩三個客人，無法出團，第二種是人數夠，但是沒有能力出團（例如：領隊、導遊人數不足），第三種則是沒有Know How（實務技能）出團。

民國六十八年剛開始開放觀光，那時出國的人數，全部加起來，一年才二十到三十萬人而已，所以個別旅行社要組團出國，根本就組不了團。在這種情形下，雄獅看到這個商機，把多家不同旅行社招來的客人，組合成一團出國，這就是最早雄獅B2B的經營模式。

初期的雄獅旅遊是不直接面對客人的，而是服務各旅行社。因此我去夏威夷考察回國之後，就把台北市分為四個象限，以松江路及南京東路為中心點，每一個象限中的旅行社，為一個業務區，由一位業務同仁負責，後來隨著業務量的增加，公司員工人數也擴增之後，每一象限區的業務增加為兩位。

雖然我是業務的主管，但是跟其他領隊比起來，還是資淺的，所以我也要負責一個象限區的業務。當時我服務的區域主要是第二象限，也就是松江路以西，南京東西路以北這個象限，包括中山、大同這兩區的旅行社，都是我的業務範圍。

初期雄獅業務雖然只有四位，但是每一位業務的能力都很強，都是可以獨當一面的大將，所以雄獅人少但是業務量可不小。那時最重要工作伙伴的就是曾紹英，另外一位業務就是黃鈴，曾紹英比較早離開雄獅，黃鈴跟我一樣，一直在雄獅做到退休，黃鈴退休時是公司的副總，黃鈴名字中的鈴讀音跟錢很像，所以他的英文名字就叫Money。

雄獅第一團——美西十二天

進入雄獅半年之後，第一次帶團去美西十二天，團員三十人左右。附帶要提一下，為何到了雄獅半年之後，才第一次帶團出國？因為，這中間涉及當時的邊境管制的問題，雖然政策上已經開放國人出國旅行，但是國人出國，當時除了要辦護照，還要辦「出境證」，出境證是由入出境管理局負責核發，其實就是當時的警備總部還要再審查。

「出境證」的核發，往往要花上一個月才會下來，再加上辦護照及簽證，就要花上數月的時間。所以當時我們領隊團跟團之間的間隔，都要四到六個月的時間，除了招商時間之外，還要花更多時間，等待政府證件的核准。

那個時代，這些證件的核辦，真的非常的細瑣，特別是美國的簽證，加上出國護照及出境證，複雜的程度不低於買賣房子的代書作業。

回來談我帶的第一個美西團，當時十二天的行程，包括夏威夷、舊金山、拉斯維加斯、聖地亞哥、ＬＡ（洛杉磯），旅遊內容包括Sea World（海洋世界）、迪士尼（Disney）樂園（那時還是叫迪斯耐樂園）。這是我一次去迪士尼樂園，覺得非常非常的好玩啊！去海洋世界遊玩，也覺得怎麼這麼的好看。那時候全世界也只有美國有這些大型的遊樂場，全亞洲，包括日本，都沒有，真是大開眼界。

而在帶隊的過程中，為了避免再出現第一次在東南旅行社帶星港團時，由於新加坡的當地導遊沒有出現（No Show）的意外，讓旅遊過程中發生沒有導遊的尷尬現象，我在帶第一團的美西團，出發前就做了萬全的準備，美國沒有當地的導遊，台灣去美國的旅行團，通常都是領隊兼導遊。

在東南旅行社帶團時，新加坡導遊No Show的意外，讓我在機場往旅館的路上，要身兼導遊，介紹新加坡，因為沒有任何準備，且我根本不了解新加坡，只能東拉西扯，都講些台灣的事情，短短二十分鐘路程，卻非常的難熬。但是美西團的領隊，就是要兼導遊，就是Through Guide。領隊兼導遊，要了解所有Local Guide的知識，包括美國當地的人、事、時、地、物，都要了解。

第一次要帶長程的美西團時，我花了很多的時間來準備美國的資料。民國六十九年，要找資料，不像現在這麼方便，任何資料，Google一下就有大量資料，只要再將資料加以分析消化整理之後，就可以使用。

當時為了要找美國的資料，都埋首在中央圖書館，因為一般的小圖書館，其實找不太到美國資料。我必須要大量閱讀相關的美國歷史、地理及其他我們要經過地區的風土民情等資料，才能出團。在帶了十多年美加團之後，我相信我比大部分的美國人及加拿大人，更了解美國跟加拿大。

因為有萬全的準備，第一次帶美西團，圓滿平安，十二天的美西團，沒有發生任何的意外，非常的完美。這次帶團之後，不但令我大開眼界，也讓我信心大增，對於未來的業務工作，有很大的幫助。

業務與帶團就是一體兩面，相互為用。自己帶過團後，對於行程上的所有細節，都瞭如指掌。再回過頭來，在執行業務工作時，跟客人或客戶介紹美西團時，就會非常的清楚。

因此，帶團回來之後，我的業務也蒸蒸日上，自己的業務量增加，組團頻率就增加，就可以帶更多團，這就是我在雄獅初期的正向循環。

初期的雄獅業務只有四個人，每一個人都是多工的，就是我們常常說的俗語，「校長兼撞鐘」，雖然很辛苦，但是可以學得很多。有一次我在面試一個還蠻優秀的業務人員，但是他說他不敢帶團，最後我也無法錄用他，那就是雄獅初期的情況。

初期雄獅的海外團，就是美西十二日旅行團為主軸，夏威夷是美西團的一個重要的站，美西團的夏威夷只停留在本島——歐胡島。

當時單獨的夏威夷八日團，除了歐胡島之外，也包括幾個主要的島嶼，如大島、茂宜島、可愛島等等。因為夏威夷有當地導遊，所以初期的夏威夷團，都是讓給新人菜鳥帶，他們只要把人員平安的送到夏威夷，就交由當地導遊完成後續的旅程。

買下東亞旅行社，雄獅初期的擴張

美西線可以說是雄獅旅遊的「龍興之地」，靠美西起家，不久業務很快就擴展到全世界。剛進雄獅時，公司從六人開始，業務快速發展，除了整個開放大環境的影響外，雄獅的方向正確，也是快速發展的重要因素。

在進雄獅的隔年，也就是民國六十九年，老闆吳鐵城花了三百萬買下了東亞旅行社，改名為「寶獅旅行社」，但是「雄獅」一直是我們的旅遊品牌。

吳老闆在買下東亞旅行社時，我是公司重要的業務主管，業務是旅行社的命脈，吳老闆當時曾經邀我入股，但是一來那時我沒有什麼錢，而且覺得這一點點錢的股份，好像也沒有什麼影響，所以並沒有想要積極的入股。

雄獅買下東亞時，東亞也是很小的旅行社，人數很少，可能只有十多人吧！買賣完成之後，大部分的員工都離職了，印象中只剩一兩個人，併入雄獅。

有了自己的旅行社正式的牌照之後，雄獅從靠行於民權西路十九號八樓的天一旅行社搬出來，搬到長安東路，終於有了自己的獨立辦公室，辦公室面積三十二坪，初期辦公室的人數大約十多人，不久人數就增加到三十多人，我的職位也由副理升任為經理，工作內容跟之前差不多，但是業務發展得很快，管理的人也越來越多。

雄獅公司成立兩年之後，大約是民國七十一年左右，全公司的人數快速擴張，原來的辦公室不夠用，就租到長安東路原辦公室的對面大樓，辦公空間從三十二坪，一下子擴張到九十八坪。

除了台北快速擴張與成長之外，台中、台南、高雄各地，也都陸續成立辦公室，中南部的營業據點，初期規模比較小的時候，也都是用靠行方式，跟別的公司同租辦公室。

從雄獅買下東亞旅行社改名為寶獅旅行社，短短幾年內，其實公司的規模成長相當快，辦公室從三十二坪變成九十八坪，員工數從二、三十人成長到一百人左右。

親身經歷過雄獅草創期的這段過程，我覺得雄獅初期站能穩腳步，很重要的因素，就是比較踏實，初期只有四個業務時，我就把台北市分為四個象限，一個業務負責一個象限，那時台北市有兩、三百家旅行社，一個業務負責五十家到六十家旅行社，真正可以跑的旅行社大約三十家左右。

我的工作任務及對公司的成長最重要貢獻，就是業務的穩定擴張。當時我要求所有的業務，工作一定要定業務目標，要有業務範圍，要有區域，要有不同的策劃，要推出好的產品，好的服務品質。產品訂價很重要，訂價策略要極大化，市場極大化，集中在中高價位。

這些初期雄獅發展的策略與方向，從結果來看都是對的，當眾多的旅行社如潮來潮往的沙洲，起起落落，忽隱忽現，倒閉的跟新開的旅行社，一直交替中，就成了這個行業的常態，雄獅能一步一步的站穩市場的地位，也是歷經了不少的競爭與波折。

雄獅所做的批售的Ｂ２Ｂ業務，初期真的很不好做，一開始做的美國團，由於人數並不多，如何凝聚足夠的人數出團是不容易的。努力的湊足人數夠出團了，還是要仔細的盤算才能賺錢，這也不容易。

另外一個難處是航空公司的機位空間有限，特別是旺季的時候，都掌握在航空公司手裡。一般在做買賣時，買方是強勢方，賣方是弱勢方，但是以前航空公司是賣方，卻是強勢方，旅行社要買票，訂機位，都要看航空公司的臉色。

當時我們要花很多的時間，去跟航空公司打交道，希望能拿到比較好時段的機位，有些重要的關鍵日子，對機位就非常的敏感。出團的日期越短，對日期的選擇越敏感。航空公司如果給你星期一的機位，那就是很糟又很難賣的位子，但是如果給的是周四到周六的位置，那就賺到了。

一年之中有關鍵的季節，每個月之間也有關鍵的天數，每天之間都有關鍵的起飛時間。所以我們做批售的旅行社，非常仰賴航空公司，航空公司就是我們的衣食父母啊！

除了航空公司以外，同業之間的競爭也是非常激烈的，初期在台北跟雄獅一樣做批售（躉售，Wholesale）的旅行社，大大小小大概有十多家，彼此間都很競爭，其實初期一直都做的非常辛苦，有時真是苦不堪言，之所以能成功，憑藉的就是比同業更努力，就是努力、努力、再努力，每天都要求我們的業務，要更勤快地比同業多跑幾家旅行社。

做批售性質的旅行社的生態，數十年來，並沒有太大的改變，不管是現在的三千家旅行社，或是當年管制時期的三百家旅行社。能做批售的大概就是百來家，其中六、七成集中在台北，這百來家中，有競爭能力的大約就是十多家。後來發展成不同區域批售業者，比如有日本線的、有美國線、有歐洲線的、紐澳線……等等不同的批售旅行社。也有些批售旅行社，專做某一線的批售，例如：就有旅行社，專門只做日本線的批售。

作為雄獅的業務主管或是業務同仁，本身一定都要親自帶團，我要求所有的業務都要有領隊執照。在初期成長過程中，因為雄獅的方向一直很明確，工作很踏實，服務很周到，所以業務持續的穩定成長。雖然旅遊業一直都很難做，雄獅的成長一直都很穩定，真的是無二法門，就是比別人努力，比別人踏實。

當雄獅的規模，在我們業務的努力下，慢慢壯大之後，其實競爭的壓力就越來越大，同業都會有意無意的聯合排擠雄獅，競爭壓力跟公司的規模是成正比的。規模小，沒有人會注意你，競爭壓力當然小，規模大了之後，就會成為同業眼中排擠的對象了。

新產品開發，站穩市場地位——中南美洲的探險

雄獅能站穩腳步另一個非常重要的因素，就是新產品策略的擬定及開發，這也是我在雄獅初期成長時，對公司最大的貢獻之一。就像我常常在說的，公司規模還是小的時候，就是由業務來領導產品，但在公司規模慢慢成長，變大之後，那就是由產品來領導業務了。

在我進雄獅前，雄獅只做美西團，我帶的第一團也是美西團。在我進入雄獅之後，搭配民國六十八年政府的開放觀光政策，海外旅遊市場成長非常快，配合市場的成長，雄獅很快的就把其他的長程國際觀光產品陸續開發出來。

短短三、四年間，雄獅新開發的旅遊產品，就包括了美加團、中南美洲團、紐澳團、非洲團、歐洲團，很快遍及全世界。這些新產品的開發，我都是親力、親為、親做、親帶團到考察，一次完成，解決了新路線的所有問題之後，我就把領隊工作，交給其他同事去執行。

在這些產品的規劃策略與開發順序上，都有經過我們詳細的評估，評估內容包括，第一要有經驗、第二要有市場、第三要有組織、第四要有能力，只有這四個面向都具備了，新產品及新路線的開發，才有成功的機會。

事實證明，我們當年開發的新路線新產品，幾乎每一條都是叫好又叫座。那幾年，雄獅搭配著快速成長的海外旅遊市場，再加上幾乎年年開發的好產品，雄獅公司初期的成長，膨脹的非常的快速。

民國七十年到七十四年間，雄獅的產品線也快速擴張，從美西線開始，然後增加美加線，再到美東、美南，然後再擴張到中南美洲、紐澳、到非洲、再到歐洲，這些線的開發時間都很接近，大約在幾年間，就陸續開團。

要把產品擴展到全球的考量，是基於季節性的互補，像春分過了，太陽慢慢往北半球移，北半球氣溫慢慢升高，就進入了北半球的旅遊旺季，南半球開始變冷，就進入了淡季。相反的情形，過了秋分之後，南北半球的旅遊淡旺季就反過來了。

這個快速擴張全球旅遊點的想法與策略，以全球為全產品線的開發策略，就是要確保雄獅在一年四季，都有旺季的旅遊線可以推。

所以在開發完美加線之後，大概在民國七十年代初期，我們就率先開發中南美洲二十七天的團，是台灣第一個推出中南美洲線的旅行社。當時第一團就我帶團前往的，二十七天幾乎把中南美洲主要國家都跑遍了。

中南美洲這一團，是雄獅的第一團，沒有人跑過，我們就託給美國的Local導遊公司協助安排，我記得當時美國的接頭的人名叫尼可拉斯（Nicolas），他跑過中南美洲的這些行程，也跟當地的相關業者有簽約，所以我們就委託尼可拉斯幫我們簽好中南美洲當地的Local，就是請美國的Local安排中南美洲的Local。

飛機從台北起飛，過境美國的洛杉機，轉機後，旅遊路線先途經跟我國有邦交的中美洲三個國家，就是瓜地馬拉、尼加拉瓜跟巴拿馬，然後再到南美洲，到哥倫比亞、厄瓜多、玻利維亞、秘魯，最重要的是南美ＡＢＣ三國，就是阿根廷、巴西跟智利。從南美洲西岸下去，再從東岸上來，途經美國的奧蘭多，再到ＬＡ，再回到台北。

其實這個行程是有相當風險的，因為我們自己人都沒有走過，路上會遇到什麼狀況，也無法預料，所以第一團就是要我親自帶團。在出團前，我們已經把所有的費用都付給尼可拉斯，我帶團到了美國之後，尼可拉斯就給我一疊支票跟各地Local的聯絡資料，我們就勇敢地前往未曾去過的地方。

出發之前，我特別跑到中央圖書館去查中南美洲國家的資料，一來資料真的很少，且即使有資料，我也無法確定資料有沒有更新，情況有沒有改變。我都是到了該國的機場之後，先差遣客人去上廁所，我再到機場的旅客中心，去搜括各種英文的介紹資料，我在最短的時間，把這些英文資料加以分析、比較、演繹之後，再用我的語言講給客人聽，客人還以為我來這裡國家很多次了，我都不好意思說，是跟大家一樣，第一次降落在這個國家。

到了中南美洲國家之後，當地的導遊，就是用英文跟我們做解說，必要時我再翻譯成中文給台灣的旅客，中南美大部分國家都是講西班牙文，只有最大的國家巴西是講葡萄牙文，英語是共通語言，在溝通上沒有太大的困難。

我帶的第一個中南美團，團員三十人左右，團費高達二十萬元，如果換算成今天的幣值，估算大約五十萬以上，是不折不扣的高價團，團員大部分是社經地位比較高的退休族。現在已經沒有這種遊遍中南美洲的團了，現在都是單國或局部的旅行團，天數比較短。

這是民國七十年代，全球旅遊線的擴展的一個新起點，在新旅遊線的開發，雄獅一直是領頭羊的角色，幾乎都是全台灣最早進入新的市場的，當時台灣的長程旅行團，不論是出團數量及遊旅品質，雄獅都是全台灣第一的。

前進紐澳，開發台灣冬季的替代市場

開發完中南美洲之後，雄獅很快就繼續開發同屬南半球的紐澳及大洋洲。紐澳線的開發，是因為當地的Local旅行社前來拜訪及推廣，然後我們就跟他們一起去考察，覺得條件符合，我們就出團了。

在雄獅出團到紐澳前，台灣的紐澳團還很少，雄獅出團之後，紐澳線才慢慢的比較被國人熟知，團才越來越多。

紐西蘭有南島跟北島、澳洲有東澳、西澳、南澳，澳洲很大，大約是八成的中國那麼大，我到現在都還沒有跑遍澳洲。

開發紐澳還有一個原因，就是一個四季的觀念，南北半球的季節不同，南半球的旺季就是北半球的淡季，紐澳的旺季大約從十月開始到隔年的三月，這當中又以我們的過年，又是旺季中的旺季，是每年紐澳的黃金期。經營紐澳線，只要稍微避開他們的聖誕假期就好。

其實紐澳線的經營，是雄獅相當賺錢的一條線，在北半球都沒有生意的時候，又突然有一筆很不錯的生意，讓我們賺很多。

非洲及歐洲線加入，完成全球的拼圖

接著就往非洲開發，非洲線初期在北非的埃及再到南非，還有中非的肯亞及北非的摩洛哥這些地方。由於非洲太大，當時都還只是單國的旅行行程，會出埃及團或南非團，無法把埃及跟南非串在一起，因為距離太遠了，其實非洲還有很多值得開發的地區。

非洲之後就是歐洲，當然也是我負責去歐洲踩線。民國七十三年，就是我結婚那年，歐洲線剛開始成團，我就安排我的蜜月，去剛開發的歐洲線旅行，當時雄獅的歐洲團只有十多人，雄獅團跟另外一家旅行社併成三十多人出團，由我代表雄獅擔任副領隊，總共遊歷歐洲十七天，從倫敦進，羅馬出，共經過了英國、荷蘭、法國、比利時、瑞士、奧地利、列支敦士敦、義大利等國家。

這次的旅行，不但是我畢生難忘的蜜月旅行，更是後來我執行冬季歐洲策略計畫的萌芽，冬季歐洲策略的成功，也大幅拉開了雄獅跟其他旅行社的競爭距離，冬季歐洲策略，我會在產品篇時來詳細說明。

加入雄獅，開疆闢土的過程中，我一定身先士卒的衝出去，一條新線通常我都會先帶前兩次，把所有的問題都弄清楚，解決之後，就交給別人去帶隊，一條線我不太會帶超過兩次。雄獅新的旅遊線太多了，產品開發得很快，新團帶不完。

雖然帶團對個人的收入有很大的幫助，那些年我的月薪一直停留在九千元左右，六、七年間都沒有調

蜜月旅行跟著雄獅團去歐洲，擔任副領隊，一邊工作一邊蜜月，考察出冬季歐洲的策略。

漲，但是帶一次美加團大概可以領到三到五萬，是我好幾個月的收入。但因為我是業務主管，工作其實很忙，忙到沒有時間帶團，通常我是兩個月才帶一次團，其他時間都在忙公司的業務。

新市場新產品的開發，每一個思考，都跟產品布局有關，裡面還有更細節的操作，在第四章的產品篇，會有比較詳細的敘述。

雄獅的蛻變——王董入主，民生東路時期的擴張

王文傑加入雄獅，三百萬增資到一千七百萬

民國七十四年，雄獅台北辦公室還在長安東路的大辦公室，員工數慢慢成長到大約已經接近一百人左右，是「略具規模」的旅行社了，那個時候台灣的旅行社，人數超過一百人的並不多，雄獅的規模，已經可以排進前二十名了。

就在這一年，一個非常重要的人物加入了雄獅，他不但改變了雄獅，也成為我人生中最重要的工作伙伴，改變了我的後半人生，就是現任雄獅集團的董事長——王文傑。

王文傑加入雄獅的契機，是一位同事Tommy介紹給當時的董事長吳鐵城，吳鐵城就請王文傑當任公司的副總經理，當時的總經理是呂正忠，我是業務經理，所以在職位上王文傑一進雄獅

就是我的上司，不過初期並沒有直接業務上的關係，我一直在做業務工作，王文傑則是負責策劃公司的發展藍圖。

那時公司同事大多對剛到公司的王文傑很有好感，人長得高高帥帥的，在理想旅行社當過領隊，口才很不錯，又是從美國回來的，我是可以感受到王文傑的企圖心強，雄心勃勃，很想做些什麼的感覺。

王文傑加入公司不久，剛好有股東退出，王文傑接收了他的股份，成為公司的五位股東之一，介入公司的運營，他對公司的發展有不同的想法。後來原始創辦的董事長吳鐵城跟總經理呂正忠相繼退股，離開了公司，王文傑成為公司最大的股東，身兼董事長及總經理，從此開始，他就成了徹底改變雄獅的王董。

為了擴大公司的規模，王董決定增資，大手筆把公司的資本額由原來的三百萬元，一口氣增加了將近六倍的一千七百萬。王董當時廣邀公司員工入股雄獅，因為我是公司的業務主管，他邀我入股，同時告訴我，他個人要占公司五十一%股份，問我有沒有意見，我沒有那麼多錢，當然不會有意見。王董非常有魄力的賣掉房子，來籌措現金投入公司的增資，不得不佩服他的勇氣與企圖心。

之前我曾經拒絕吳前董事長的邀約入股雄獅，因為那時候，我感受不到有什麼發展的前景，但是這次王董增資的企圖心感動了我，一改之前的態度，我也決定入股雄獅，一起打拚奮鬥，但是那時我剛結婚沒有多久，孩子也剛出生，沒有太多的錢，而且我也沒有王董賣房子的魄力，只能拿房子去向銀行抵押貸款，貸了一百六十三萬元，入股雄獅，成為雄獅增資的原始股金的一部分，占雄獅股份的九%。

初期我跟王董在工作上，是有些大略的分工，我負責業務，包括通路及產品，他負責財務、人事。經理級以下的事務人員大概歸我管，經理級以上的管理層人員，就是歸他管，大約是這樣。行銷部分，則由後來進入公司，由主導公司電腦化與行銷的另一位總經理裴信祐負責。

在公司易主的過程中，其實一直都有動盪，有些股東後來撤資，造成公司現金出現缺口的情形，在這個過程中，我一直是全心全意的支持王董，一方面全力衝刺業務，保持公司成長的動能，另一方面，我跟王董說，業務部分，你完全不用擔心，他可以全力去爭取公司成長的空間，業務部會把公司的根基顧的牢牢的。

有一次王董出國，我就跟他說，你放心的出國去，我們會一樣努力為公司賺錢，我還開玩笑的說，王董不在國內，我們的生意會更好。就是要讓王董完全的放心。

另一方面在公司流動的現金部分，我也是全力支援王董。那時經常提醒王董，如果你需要現金要跟我說，我來調度，那時候我經常提著一個〇〇七的手提箱，裡面裝滿著現金，一個皮箱就有兩百多萬現金，那時候的兩百多萬元，是非常大的金額，早期雄獅的資本額才三百萬而已。

因為旅行社業務的習慣，基本上都是要收現金，很少開票，即使開票，大概都是三天票，交情非常好的老客戶，最多也只能開十天的票，所以業務能掌握的現金大致上都很多。在公司動盪那段時間，我特別交代業務，全部都收現金回來，不要開票，以備王董不時之需。

旅行社是先跟客人收錢，然後再付出去給其他單位，收錢跟付錢之間，大概有一個月的落差時間。如果旅行社的業務量正常，該收的錢都有收，錢也沒有亂花用，公司內部不會發生現金不夠的問題。

那時候公司一個月大約可以收進三千多萬的現金，而這些現金的付出，是在一個月之後才會發生，那時公司大約一百多位員工，一個月的開銷大約五、六百萬，公司的現金流，絕對可以支援日常的開銷。公司的現金流的狀況，身為業務主管的我最清楚，現金一定都夠。

王董在接手的過程中，還有一個比較不穩定的就是公司的人事，在改朝換代的時候，難免有人會不習慣新老

王董入主雄獅，改變了雄獅的命運，也改變了我的人生，王董也在雄獅完成人生大事。

闆而離職，但是那段時間，我全力穩定業務同仁，業務部的人事是相對穩定的，這也是穩定公司的重要力量。

當時也有些股東因為理念不合而撤資，撤資的動作，對公司運作上的影響，其實有限，實務上或資金上的影響都不太大，大多是心理層面的影響，感覺上公司是動盪的。那時公司的資本額才一千七百萬，我們業務的現金流，經常是資本額的好幾倍啊！這些現金流，都是王董接手初期，重要的支持力量。

王董入主雄獅之後，我跟他的合作一直都很密切，除了我負責業務，公司的主要幹部，包括曾紹英負責線控，黃鈴則是跟我一起做業務，這幾位都是最早雄獅起家的六人之一。王董自己一人來到雄獅，沒有帶人馬前來。在成為公司主導者之後的幾年，才陸陸續續從外面找了人才進公司幫忙。

遷移民生東路，開啟打底十年

王董入主雄獅之後不久，民國七十六年，我從經理升任為副總，兩年之後，王董不再兼任總經理，我升任為總經理。在擔任雄獅的總經理期間，我一直是作為王董衝鋒陷陣的最主要的火力支援者，也是王董開疆闢土的先鋒部隊。

辦公空間的改變，也是雄獅持續擴張的見證，王董入主公司時，公司是在長安東路面積九十八坪的辦公空間，隨著公司成長，員工人數越來越多，九十八坪的空間不敷使用，公司在一九九〇年搬到民生東路，民生東路的辦公室一層大約是三百坪，第一次搬到這麼大的辦公室，那時覺得這個辦公室真是一望無際啊，王董的風格，就是喜歡把事情搞大，先從辦公室開始。

雄獅在民生東路時期總共十年，這十年是雄獅打底的十年，無論是管理、產品、通路及營業模式，都有了根本的改變，十年的改變，讓雄獅成長茁壯，拉開與其他旅行社的距離。

再下一個十年，公司搬到敦化北路的宏泰大樓時，雄獅已經遠遠抛開了同業的競爭，在台灣已經沒有敵手了。

在民生東路十年的時間內，有幾件發展與奠基，對雄獅是重要的擴張，這些是雄獅站穩市場的重要策略，其中在通路及服務範圍的擴大上，有三件重要的事。第一件事，是台灣中南部辦公室的擴大；第二件事，則是中國大陸服務據點的搶灘；第三件事，是海外分公司陸續的設立。

中南部辦公室的擴大，是雄獅在台灣本土通路擴張非常重要的策略，早期在雄獅勢力還不大時，中南部還沒有獨立的辦公室，基本上還是跟別人一起合用辦公室，比較像早期雄獅在台北的靠行策略，當雄獅成長到一定規模時，中南部就要成立獨立辦公室的成立，這是非常重要的布局。

我剛到雄獅的時候，南部只有一個業務就是吳亮德，是當時的老闆吳鐵城的弟弟，主要是負責高雄地區，後來台中及台南都各增加一個業務，初期台北是靠行經營，中南部地區也都是靠行經營，大家都是一樣的艱辛與困難。

當時中南部的客人召集之後，就集合到北部來集團出國，當時只有北部有國際機場，所有中南部的客人，都要從桃園國際機場出國。地方的業務，要全包所有的工作，把客戶資料傳真或寄到台北來。

後來中南部的業務量越來越大，主要的點在三個都會區，包括高雄、台中及台南。初期各地一位業務，後來增加到有十多位業務，就不能再靠行辦公，必須要有自己的辦公室。

關於中南部辦公室的設置，王董是比較傾向租用，他就把這個重要任務，交給我來執行，這是公司要建立通路，擴大市場占有率重要的布局，我先後去高雄、台中、台南三個都會區，購置了辦公室，這個辦公室一直沿用到今

雄獅在民生東路時代，已經是國內指標旅行社，旅行社的重要活動都有雄獅的角色，經常要代表公司出席各種活動。

天。關於辦公室設置的細節部分，我會在第四章的通路篇，講得比較清楚。

大陸設點，為公司賺進高額營收

民國七十六年，政府宣布開放大陸探親，雄獅在第一時間就決定要進軍大陸，幾乎是國內第一家旅遊業者，赴大陸設立營業據點。

大陸市場的龐大，業界是很清楚的，大家都要搶占這一塊市場，雄獅的動作很快也很大，大陸各地的分公司初期也是我進去設的，大陸一開放我們就進去，先成立了上海分公司，然後又成立了桂林分公司，接著又成立了福州及廈門分公司。

不過因為大陸也對旅行社採取管制，因此剛開始開放時，台灣旅行社還不能在大陸經營旅行社的業務，只能做「轉介」的角色，就是把台灣的客人，帶到大陸去，「轉介」給大陸當地的旅行社去帶隊旅行。

我到了上海、桂林之後，就先去找了適當的辦公室，再找當地的員工。幹部初期都是台灣派去的，當地的Local旅行社，都是官方指定的，當時大陸旅行社都是國有，都是很大的國家級旅行社，像是國旅及中旅。大陸開放之初，對外匯管制斤斤計較，因為旅行社可以賺取外匯，所以規定都是由大型國家旅行社負責接待台灣團。

雄獅的第一個點設在上海，因為上海是中國大陸的中心，我們以上海為中心，輻射出去。第二個點選在桂林，是因為台灣人都指定要去桂林旅遊，桂林是台灣旅行團的必去點，都是受了台灣教科書「桂林山水甲天下」這句話的影響。

早期大陸團就是以華東及華南為主，包括上海、廣州、桂林、重慶、北京，大概是這幾個點，然後再根據不同的需求，再參雜其他的點，像是湖南、江西這些地方。

雄獅在經營大陸這一塊，初期是非常賺錢的，平均一個客人可以賺一萬元，中國大陸的經營，讓雄獅的營業額及利潤，都有大幅的增加。

大陸初期不允許台灣旅行社直接經營大陸旅遊業務，所以之前雄獅只能在各城市設立服務據點，後來大陸允許了台灣旅行社可以合法經營之後，雄獅才在大陸各城市，陸續成立分公司。

設立海外分公司，錢給自己賺

雄獅第一個海外分公司是香港分公司，設立於一九八八年。當時的目的很明確，就是為了中國大陸的市場需求。如果不算香港分公司，海外的第一個分公司是加拿大分公司，成立海外分公司，是先有那個市場需求，再去設立分公司。

有一次跟王董去美國考察，當地Local公司的老闆，開賓士來接我們。我跟王董說，這台賓士是我們買給他的，我們一個人頭，他賺我們二十元（美金），都是我們在幫他賺錢，那時王董還

中國大陸團是很賺錢的團，最早也是我負責去開發，這是 Agent Tour，跟國泰航空去九寨溝探察。

大陸是當年各旅行社的重點戰場，這團 Agent Tour 由華航領軍，當年帶團的主任謝世謙（中立白衣者），已是現任的華航董事長，團員是各大旅行社的主管或老闆。

沒有開賓士車，但是我們的協力廠商都開賓士車了。我回頭問王董：「你現在開什麼車？」王董沒有答腔，我就跟王董說，這個錢我們可以自己賺。

王董應該是有聽進去我的話，與其讓人家賺，不如自己賺，一九九二年雄獅就在加拿大溫哥華，設立了分公司，主要的業務，是接待雄獅來的台灣團，就是要把原來給外國Local賺的錢，雄獅自己賺起來。

王董計畫在美國開巴士公司，我是很贊成，那時算了一下，巴士在美國的租金，一天大約是一千美金左右，大概三萬台幣，是台灣租金的三倍。但是一輛全新的遊覽車在美國大約三十萬到三十五萬美金，大約新台幣一千萬。而台灣最好的遊覽車，大概也只要一千萬左右，如果是一般的遊覽車，大約是八百萬左右。

所以購買遊覽車的成本，美國跟台灣差不多，但是美國租金卻是台灣的三倍，我跟王董說，這個生意可以做，我們會賺錢，後來王董就在美國成立了遊覽車公司，除了替我們的美國團省了遊覽車租金，貼著大大雄獅Logo的遊覽車到處跑，也是為雄獅做最好的行銷。

從第一間加拿大海外分公司設立之後的幾年間，雄獅在很多國家設立了海外分公司，各洲及重要國家，都有雄獅的據點。各個分公司，基本上都比照加拿大模式，海外Local的錢，就由我們雄獅自己賺，後來海外分公司的業務，從我手上分出去了，交給其他部門負責。

雄獅搬到民生東路之後，公司組織規模持續擴大，已經發展成為有相當規模的旅行社，員工接近一千人，王董還是兼總經理，我升任為副總經理，之後事情就更雜，但是偶爾還會帶團，後來再升任總經理之後，就很少帶團了。事情多，公司人也變多，組織更明確，分工就比較清楚。

公司在民生東路時期，辦公室就像吹氣球一樣，忽大忽小。因為，王董是擴張型的人物，一般人是有一做一，王董的個性是有一會做十，所以在民生東路的十年，光是看辦公室大小的變化，就可以看到雄獅目前公司營業的規模大小。

如果公司業績不錯，王董就會快速擴張，當時辦公室一層樓大約是三百坪，最多時雄獅曾經擴張到租下四層樓，總面積高達一千兩百坪。但是如果遇到公司的業績不佳，辦公室面積馬上縮小到一層，剩下三百坪。

公司業務重大的轉變，從B2B擴張到B2C

過去雄獅一直是靠經營同行的業務起家，公司搬到民生東路後，有一個重大的營運方向的改變，就是開始涉及直銷業務，就是直接面對消費者，增加了B2C（Business to Customers）的經營模式，這是一個重要的轉變，也大幅增加了公司的利潤。

以前在經營B2B的業務時，客人的來源都是從其他旅行社那裡介紹過來的，這些旅行社一個人頭都要抽十%的利潤，雄獅大概只能賺剩下的二%到三%，利潤非常薄。雄獅如果能跨足直售事業的話，在相同的營業額下，公司的利潤可能增加好幾倍。

我很早就看到這個趨勢，當時雄獅在B2B經營模式，已經到達一定的飽和程度，但公司的利潤並沒有成長太多，跨足直售業務，勢在必行。

一九九二年左右，公司為了發展大陸探親、直售業務及票務相關，另外成立了一家趨勢旅遊，那時擔心大陸探親萬一有什麼風吹草動，會有法律及財務的風險，可能會影響到雄獅公司，因此另外成立了一家趨勢旅遊。

但是趨勢公司成立之後，一直處於虧損狀態，經常要跟雄獅借錢，而雄獅作為百分之百的投資公司，也不能不借錢給趨勢，這是很困擾王董的事情。

而同時間，王董從金龍遊旅，挖角了三位重量級的主管，來管理歐洲、澳紐及美國的業務，我在雄獅的業務大部分都交出去。而趨勢又一直在虧錢，於是王董就把我調到去整頓趨勢，裴信祐則擔任雄獅的行銷總經理。

我調到趨勢當總經理，整頓了一年多的時間，我把趨勢的重點放在大陸跟直售業務，公司不大，我就採取產銷合一的方式，全部都歸我直接管理，趨勢很快就轉虧為盈，平均一位大陸探親客人可以賺到一萬元。但是反過來，同時間卻變成雄獅在虧錢，反而要回過頭來跟趨勢借錢。真是此一時而彼一時啊！

後來從金龍挖角來的三位重量級主管，跟王董及公司的營運，一直無法順利磨合，也陸續離開了公司，王董就把我調回雄獅重新掌管業務。不過在我去當趨勢總經理時，雄獅的批售B2B業務，一直都是我在兼管，主要是由我的主要部屬陳碧松在掌管，我一點都不用擔心。

因為在趨勢當總經理一年多的時間，我對大陸及直售的業務，有更清楚的了解與掌握。之前一直有意要發展直售業務，因為直售才能真正的賺到錢，但是之前批售的B2B業務實在太忙了，這個重要的策略方向，就一直懸在那。

就在公司搬到民生東路沒有多久，跟雄獅一直保持著密切合作，也一直跟雄獅租用辦公室的志達旅行社併入雄獅，因為志達本身就是一般直售B2C的旅行社，服務的對象是一般的消費者，因此在併入雄獅之後，自然就成為雄獅公司的直售業務部，當時從志達轉過來的主管是孫明台，成為雄獅發展直售旅行社業務的重要推手。

雄獅原來的業務是服務及面對其他旅行社，直售業務是直接面對及服務一般民眾，工作的型態及邏輯很不一樣，做批售的B2B的業務，工作比較複雜，規模及資本都要比較大，但是利潤卻比較薄，經營的理念是以量取勝，講究的是薄利多銷。

直售業務剛成立時，也是歸我的業務部管，負責的主管孫明台，相當的幹練，後來直售業務就越來越重要，營業額後來居上，超過了B2B的批售營業額，大概監督管理了兩到三年之後，直售業務部就發展成為獨立單位，孫明台順理成章的接任直售部的總經理。不久之後，我在雄獅最重要的幹部陳碧松，也從B2B部門，調去B2C部門升任為協理。

雄獅跨足直售業務，廣布通路後，成長的非常快，也讓雄獅大幅成長，成為國內第一品牌旅行社的重要一步，在雄獅的民生東路時代（一九九三年—二〇〇二年）的十年間，雄獅的B2B與B2C的營業額比重，有了一百八十度的大翻轉，由初期的七三比，到後來的三七比。

Ｂ２Ｃ的直售部門成為公司營業額的主力之後，公司另外發展了Ｂ２Ｅ（Ｅ是指Enterprise，就是服務個別公司的旅遊活動），後來公司的營業額大概的占比是六：三：一（Ｂ２Ｃ：Ｂ２Ｂ：Ｂ２Ｅ）。

跨足日本團，擴大市占率

雄獅在民生東路時代的另一個發展方向，是進軍日本，這個方向說起來也是好笑。就旅行社的發展而言，大部分都是從附近國家開始出團，日本是台灣最近而且是台灣人最愛去的國家，是台灣旅遊業最重要的市場，大部分的旅行團都會從日本開始，但是雄獅是繞了地球一圈之後，最後才回來做日本團的。

我自己是日文系畢業，日本又是台灣人最愛去的國家，但雄獅一開始，是從美西團發跡，多年以來，雖然航空公司一再的跟我勸說，希望雄獅能做日本團，都說這是市場的大餅，但雄獅一路以來的產品，從開發美西、美加、中南美、紐澳、非洲、歐洲，甚至都做了中國大陸，但是就是沒有空出手來做日本團。

在雄獅進軍中國大陸之後，全球的拼圖就剩下日本了。但是，當時全世界這麼多產品線，根本顧不完，而且中國大陸的線又爆量，利潤又好，雄獅一時之間也沒有多餘的時間來經營日本，個人的時間精力有限，日本團的經營真的是分身乏術。

後來大概也是時間到了，一九九四年，雄獅的線上訂團系統已經開始施行，公司的規模又向上提升了一級，辦公室搬到民生東路後，空間、人員、能量都具足了，一切都水到渠成，雄獅終於可以空出一隻手，來經營日本線。其實日文是我的本科系，雄獅一切都已經上軌道，分工已經很細緻了，這時來做日本團，實在是不難，以前其實是行無餘力啊。

在公司決策會議上，產品部提出進軍日本的計畫，王董很支持這項規劃，雄獅正式開始進軍日本，日本線的推出，跟直售業務差不多時間推動，兩者相輔相成，讓公司的規模及營業額，再次向上提升。

旅行社要進軍日本，最大的困難點，還是在航空公司的機位，像那時華航經

我是日文系畢業，所以日本航空公司一直遊說雄獅做日本線，公司很後期的發展，才加入日本線。但是日本 Agent 團，經常由我代表台灣團致詞。

營日本機位，還有所謂的「五大三小」，就是給五個大旅行社跟三個小旅行社，他不給機位就是不給機位，旅行社一點辦法都沒有。初期一直Push雄獅，要加入日本線的經營的航空公司是日航跟國泰，他們答應我們機位，後來雄獅日本線做大之後，華航後來才願意給我們機位，至於比較晚成立的長榮，給我們機位，也沒有任何的問題。

此時投入日本線的雄獅，已經是國內非常具有規模的旅行社了，一旦決定進軍日本，就是全日本全線全開，所有的航空公司，都全力配合我們，一開始業績就有爆炸性的成長。這是雄獅的業務及市場占有率，向上提升的一個非常重要的關鍵因素。

以前雄獅靠美國起家，但是在做日本團之後，日本團的營收占比就變得很大，比美國團大太多了，所以日本對雄獅非常的重要。時至今日，日本線已占雄獅三分之一的營業額了。

包機業務，開創先機

包機業務要從地理位置，從航班的班次數量，從客人的密度，及景點的串聯，這些都是缺一不可的，完美的串聯，這個難度很高。

而在民生東路時期的一個重要業務模式的推展，就是包機業務的規劃與執行，這是一個非常困難的模式，最早是從歐洲團開始的，雄獅的歐洲業務發展的非常快速，當雄獅的業務持續成長到機位不夠時，我就開始思考用包機的方式，來維持雄獅歐洲團成長的動能。

當時國內沒有人在談包機業務，因為成本及難度都很高，航空公司也不太願意跟你談包機，但是我還是決定要找航空公司談，因為國泰航空的飛機夠多，我們就先從國泰飛歐洲航線開始談。

當時我的規劃是旅行社包飛機去歐洲，A點進，B點出。當時是規劃從羅馬進歐洲，再從巴黎回台，航空公司也不知道如何調度飛機，還是我去跟他們沙盤推演，教他們如何A進B出。

包機的困難就是每個團的行程，都要算的很精準，行程不能延誤，一延誤不但會虧本，而且有可能整團會滯留歐洲，回不來，所以航空公司是不太願意接的。

歐洲團通常都要遊歷好幾個國家，一架包機坐滿大約要接近四百人，一來一回都不能是空機，所以一個架次的包機，一來一回，就牽涉到八百人的行程。所以湊齊人數來進行包機業務，就要有好幾個四百人為單位的旅行團，同時在歐洲旅行，才有可能讓包機業務不虧本。

如果沒有像雄獅這樣的規模，有這樣可以橫掃市場的業務量，是不可能進行包機業務的，這可不是一般規模的旅行社可以進行的調度模式。

一次包機要送四百人到羅馬，同時間已經有從歐洲各國旅行結束，要回台灣的四百人，已經集結在羅馬機場，再由這架包機運送回台灣。

而這四百位在羅馬入境的台灣旅客，就依不同的旅行行程跟不同的線路，遊歷各國，最後在相同的時間，四百人再在巴黎會合，坐另一架包機回台灣。

而這一架從台北飛往巴黎的包機，也不可能空機，而是坐滿了四百位旅客，從巴黎進歐洲，開始遊歐的行程。也就是送了四百位旅客到巴黎，再從巴黎接回從羅馬入境，玩到巴黎的四百位旅客。

這兩趟從台北歐洲來回的包機，共載送了一千六百人次的旅客，這樣算是一次完整的包機流程。

包機最重要的基本概念，就是來回的機位都要坐滿，如果有一趟空機，成本馬上暴增兩倍，是百分之兩百的成本，但是我們旅行社的獲利往往不到百分之三，如果沒有坐滿人，鐵定虧本的。

包機業務，首先要選航空公司，當時我決定找國泰航空公司，也是由我自己來跟國泰談的，因為國泰航空規模大，飛機夠多，台北飛香港的班次又多，從巴黎飛過來的班次也多，我認為成功的可能性非常的高。

選擇歐洲市場包機，是因為歐洲市場夠大，旅遊人次夠多，而且要遊歷多國，不同行程同時在歐洲大陸走，湊齊返程包機人數，可能性高。包機從羅馬起飛時間一樣，但是各團的行程都不一樣、拉車時間不一樣、遊歷國家不一樣、價格不一樣，但是到達羅馬的時間要一樣，就可以了。

這些所有的行程，都要排好，日子要算好，歐洲八天就是五夜，十二天就是九夜，千萬不能算錯。算錯日子，後果不堪想像。

雄獅之所以能夠處理這麼複雜的包機業務，因為我們有一個非常強大的ＥＲＰ（Enterprise

Resource Planning，企業資源規劃）系統，可以很精確的知道，所有團的行程安排及進度，不會出錯，但是其他旅行社沒有這麼強的系統，所以包機業務，幾乎只有雄獅在做，其他公司很少做，也做不來。

通常包機的業務要在出發前三個月，就要安排妥當，比較保險。當然如果急的話，我們也可以趕在一個月內完成包機的安排。

包機業務在紐澳線就比較簡單，當北半球是淡季時，正好是南半球的旺季，特別是農曆新年期間，紐澳線是超級客滿，遊客越是高度集中，越容易執行包機業務。但是歐洲線，相對於複雜許多，不是有幾百個客人，就可以執行包機業務，通常有那個「幾包幾」的模式，例如是八包七或七包六，歐洲線就比紐澳線更複雜些。

在民生東路時代，在我升任當總經理之後，就幾乎不帶隊了，大概只有寒假及暑假時才會協助帶一團，主要是寒暑假時，領隊人數如果不夠，才會動用我去幫忙。其實根據公司年薪制總和的規定，如果帶隊出去，因為會有帶團費收入，會根據領隊收入的多寡，扣部分的薪水，例如歐洲團領隊要扣薪五萬，美國團扣薪三萬。其實後來擔任總經理之後，薪水都夠用，除非真的很缺領隊，我才會出去當領隊，否則我都會留在公司處理業務，因為一天到晚，都有永遠忙不完的事。

當雄獅越來越大，業務越來越多，作為總經理，我的辦公桌上有三支電話，其中一支是越洋電話使用，在行動電話還不發達的年代，這三支電話，在上班時間幾乎沒有停過。

宏泰大樓時期（二〇〇〇年—二〇一〇年）

經驗傳承，上市準備

二〇〇〇年公司規模更加擴大，員工數已經千餘人，雄獅搬到敦化北路，開始了鼎盛時期的十年。

公司已經發展到成熟的階段，各部門的組織都按部就班的清楚分工，我是公司最資深的總經理，一直都是負責Ｂ２Ｂ批售業務，後來已經漸漸成為公司業務主力的Ｂ２Ｃ直售業務，當時的總經理是孫明台，裴信祐是最重要的行銷部總經理，還有周健及劉文義都當過產品部總經理，這些幹部，在王董的領導下，都是雄獅發展到鼎盛的樑柱。

到了宏泰時期，慢慢進入了我的職業生涯的後半段，距離我退休的年限也越來越接近了。年輕有能力的中間幹部，陸續接手，成為公司的主力，這段時期，慢慢的進入了經驗傳承期，要把我一輩子在旅遊業闖蕩的經驗，傳承給公司年輕的同仁。

那時候，每天早上上班的時候，我都會利用公司的廣播系統，跟全公司的同仁說話，每天會找一個跟旅遊相關的主題，大約講個十分鐘左右，跟同仁分享我的經驗與看法，只要是上班的時間，每一天都講。那時候真的有很多的經驗與想法要跟全公司一千多位同仁分享。

「結構性毛利」也是當時我自己跟同仁分享時，慢慢收納整理出來的概念。後來就成為我對經營旅遊業的中心概念與思想。

當時我是雄獅多位總經理其中的一位，是最資深的一位，比較有經驗，對Know How也知道的更多一些，所以王董也讓我跟公司同仁，分享我的想法與看法。

我分享的點非常的廣，也非常的雜，從旅遊業經營的各各層面都會涉及，從產品、通路、行銷、問題、個案，什麼問題都可以講。

一輩子功力，化危機於無形

在宏泰時期，處理了一件公關危機，值得說明一下過程，這件事是我在旅遊業生涯中，很重要的一件事，主要是因為我對旅遊業的生態夠了解，才能化危機於無形。

公司搬到宏泰大樓之後，進入了職涯的後半段，經驗傳承是最重要的工作。

在二〇〇〇年前後，泰國團五天四夜，有一家大型的旅行社，降價到九千九百元，幾乎是毫無利潤可言，但是幾乎席捲了泰國的市場，於是我去打聽為什麼有這種行情？我問了泰國當地的Local旅行社「紅太陽」，為何泰國行可以低到九千九百元？他說Local零團費，這在以前是不曾發生的，Local旅行社不會輕易給零團費的。我就說我的泰國團也要零團費，於是雄獅也加入了泰國團九千九百元的行列。

原先那一陣子都出團順利，相安無事。但是有一天從泰國傳回消息，當地導遊扣客人護照，原因是客人不給小費，也不參加自費行程，導遊就是要靠這些來彌補團費，不然他接團就賠錢了。

另一方面，也有消息說，這一團遊客要回國在台灣中正機場開記者會，而且好幾家電視台都出動了SNG車在中正機場的入境大廳等著雄獅團回來。

我馬上聯絡泰國的Local紅太陽旅行社，問泰國導遊的一年收入多少錢？紅太陽的經理回我說，年收入大約一百萬（新台幣），這個收入在泰國是非常高。我說，這樣如果導遊的年收入少一萬剩下九十九萬，他可以接受嗎？紅太陽經理不敢回話。

泰國導遊小費一人五百元，一團二十人，就是一萬元啊！我很不高興的跟紅太陽的人講，你收不到小費，回來跟我們講，我們補給你就好了，幹嘛要恐嚇我們的客人呢？

這一團的客人中，剛好有一個人認識台視的記者，通知記者來機場開記者會，當時雄獅已經是台灣最大的旅行社，出團不給小費就要扣遊客護照，這可是非常有新聞性的題材。

為了搶救這個危機，我們跟這一團的客人宣布，雄獅每人退一萬元。但是這一團的團費才九千九百元，等於這一團客人在泰國五天四夜的所有費用，包括來回機票及食宿，雄獅全部招待，還賺一百元。

客人高高興興的接受了雄獅的條件，沒有召開記者會，一場山雨欲來的公關風暴，瞬間化於無形。

這筆錢先由雄獅出，我再要求出問題的泰國Local旅行社，吞下這筆二十萬元，等於公司沒有實質上的支出，如果紅太陽不接受，雄獅的泰國團一年兩千多萬的生意，就不再合作，紅太陽旅行社當然要接受我們的條件。

當時我雖然不是產品部的總經理，但是一來我的輩分高，二來我們彼此之間都有工作上的默契，既然我出面處理問題了，產品部的總經理就不再出面，王董也不用出面，由我全權做主，就把這件事情解決了。

這件事當時在遊遊業界很有名，大家都知道，就是一個很重要的危機處理的案例，我也會把這種案件，分享給公司的同仁。

不教而殺謂之虐——紐澳團報錯價，公司賠

雖然我天天在講旅遊業經營的一些眉角，但是旅遊業的瑣事多如牛毛，有些事沒有發生，一

輩子也不會想到。有一個也發生在宏泰時期的故事，就是關於紐澳團報錯價，而讓公司蒙受損失的事。

公司B2B同事接了一個案子，從法國經過雪梨過來的四十多人團，他要報價，這位同事，也不知道從哪裡問到計算方法，私自計算機票價格，把從法國到台北的總票價，直接減掉雪梨到台北的票價，產生新的票價。報價出去之後，才發現每一張機票公司要虧損一萬元，四十人大約要賠掉四十萬元。

國際航線是用總里程算總包的價格，不能一段一段切下來計算，就像台北捷運的月票，如果你一個月十天沒有使用，你不能要求捷運公司，直接扣掉沒有用的十天費用，如果這樣算，捷運公司一定虧錢的。

事情發生之後，公司可要求員工賠這筆四十萬元的虧損，這是員工自己報錯價格，那時候業務員的薪水只有一萬多元，四十萬元，他做一年都不夠賠。我知道之後，心想這是我的不對，因為我從來沒有教過這個細節問題。

於是我就上了一個簽給王董，說明原委後，建議這筆費用由公司賠。王董看了之後，沒有任何詢問，就簽了這個案子。我當時上簽時心想，如果王董不同意由公司出錢，我也打算由我個人來出錢，因為總經理的薪水比較多，而且這些是我沒有教導到的細節，我也有責任。

這個案例的執行，在之前我從來沒有跟同事提過，包括每天早上十分鐘的經驗交流，我也沒有教過，因為這種情形的確非常的少見。事情解決之後，我也把這種罕見的個案，當做教材，講給同事聽。

從泰國紅太陽事件公司賠二十萬元，到這次同事報價不當，慘賠四十萬元的案例，都是我上簽給王董，王董本著過去對我百分之百的信任，沒有任何質疑我的決策，甚至連細節都沒有詢問，就直接簽准。因為，王董知道我的行事風格，所有決策都有所本，都是以公司利益最大化為出發點。

上市前的準備，全公司進行SOP

辦公室搬到宏泰大樓之後，雄獅已經成為全台灣最大的旅行社，那時上市的旅行社很少，雄獅既然已經具有一定的規模，下一個目標就是希望能上櫃上市，到資本市場上公開發行。

公司到了一定規模之後，全辦公室標準化（SOP）是非常重要的公司管理方法，而推動辦公室SOP運動，是為了讓公司能順利上市。

辦公室SOP的專案，是由裴信祐總經理在領導，執行SOP的落實與查核，由我來幫忙裴總，因為我不怕得罪人。

當時，包括工作環境都要建立SOP，包括桌面的擺設，檔案資料夾的高低厚薄，辦公家具顏色，都要有SOP。其實所有的事務都有SOP，從電腦作業，到辦公室，到員工的思考模式其實都要SOP。

當時為了落實辦公室ＳＯＰ的落實，我每天都在辦公室各個角落查核與糾正同事。我知道，那時候很多同事被我嚴格執行的方式及糾正，感到不高興，因此也得罪不少人。但是沒辦法，我就是一個嚴格的人。

標準化是每一天都要執行的，我那時是ＳＯＰ的糾察隊，在辦公室裡面到處走動，連每一個人的檔案及書籍的擺放，由高到低，由厚都薄都要有ＳＯＰ，當時很多同仁，面臨我的管理與糾正，都覺得很煩。

標準化在公司整整推動了十年，對很多人都是不可承受之重，如果不是在這個環境中工作，忽然進入這個環境的人，一定會翻臉的。事實上的確有人反彈，對於有些無法落實執行ＳＯＰ的人，有時我會把他的檔案全部推到地上，好像演連續劇的場景，我也不管他們的反彈，就是要落實執行ＳＯＰ。一次兩次三次就習慣了，標準化一旦做成習慣，辦公室就非常的標準與整齊了，什麼事都會做得很順。

標準化落實之後，其實對公司的影響很大，讓公司產生的質化、量化跟標準化的影響，那時所有同仁，對標準化的標準都朗朗上口。久而久之，對公司文化就產生了潛移默化的功能，不但公司更有效率，對後來公司成功的上市，也有很大的助力。

這個階段的我執行標準化的心態，就跟之前的高雄市長韓國瑜講的那樣，「做人要圓，做事要方」，這有很深的哲理，跟人談事情，相處都要圓，不要隨便得罪人，但是做事就是要方，要有原則，這是我幫雄獅辦公室文化建立ＳＯＰ的最重要貢獻。

目標上市，就要捨得——全部透明化

公司決定要上市，是在民生東路的後期，當時王董提出要上市的想法，公司主要的領導幹部階層都贊成，大家的目標一致，這是一個重大的工程。其實更重要的，是觀念的修正，是一個捨得的過程，公司的資訊就要透明化，一切都要照規矩來，偷雞摸狗的事，一樣都不能，該怎麼做就怎麼做，該繳的稅，一塊錢都不能少。

年收入超過三百九十九萬，就是要繳四十五％＋二給國家，除了要繳四十五％的稅之外，每年要多繳二十萬元的健保費給國家，我的收入一半都上繳給國庫，這就是公司要上市，高層要能夠捨得的觀念轉變。

公司搬到宏泰大樓之後，全公司很重要的目標，就是要如何讓公司產生質變，能夠符合上市的規範，前面說的辦公室SOP的大工程，就是最重要的準備工作。

其實除了辦公室環境如火如荼的進行SOP之外，所有公司部門都動了起來，票務、業務、財會等等所有部門都在修改落實SOP，SOP要落實到所有人的工作及生活之中。

教育訓練，為雄獅培育二十一世紀人才

為公司培養人才，是一直在做的事情，我培養出最重要的人才，就是現任雄獅國際部的總經理陳碧松，他從台大歷史系畢業之後，就到雄獅應徵，是我應徵他進公司，看顧了他三年，初期

他很痛苦，但是學得很快，很快就可以獨當一面，非常的幹練，變成我的左右手。後來公司其他部門跟我借將，要把碧松調去紐約歷練，我毫無私心，碧松雖然是我培養出來的，但是他是公司的人才，不是專屬我們B2B批售部門的人才。

我在訓練人才時，非常的龜毛，我知道很多人討厭我，因為我都會很嚴格的要求，照著SOP走，就有效果。我這麼嚴格，其實都是很多痛苦的經驗學來的，包括前面提到同仁在澳紐團報錯價，讓公司損失了四十萬元的經驗。

在訓練人才的過程中，如果我沒有教到員工，那就是我的問題，我教過的事情，通常會看你三遍，員工學會之後，就要照著做，如果還是出錯，那就要自己負責任了。

為了教育人才，我在部門中設了教育長，會選擇部門中比較機靈、有經驗，而且很懂業務及產品的同仁，來擔任部門教育長。我們部門，大約每年會有十％的替換率，也就是會有十％的新人由教育長來負責上課，課程非常多元。

特別是在宏泰大樓時期，我特別重視新人的培訓，以前一批可能只要訓練一個人，後來新人越來越多，經常是一次要訓練很多人。我就把訓練的原則跟方法，傳授給教育長來訓練新人。

經過雄獅訓練的人，其實在業界都讚賞有加，經常聽到有同業說，雄獅出來的人，很好用，什麼都懂。即使訓練後淘汰的人，還比業界平均水準更高，都還很好用，這就是在我一貫的新人嚴格訓練的成果。

新人進到雄獅，我都會要求有三個月的訓練期，這三個月完全不要求業績，只要認真努力的學習工作的技能。批售B2B業務對象，都是其他旅行社的主管或老闆，都是對產品內容很熟的人，一個訓練不成熟的新人，還沒有學會真正的技巧及內容，就出去跑業務，一定會遭殃，甚至會提早陣亡而離職。

新人就像一張白紙，很好訓練，訓練的好是公司的資產，訓練不好，浪費公司資源，也可能耽誤了員工的職場人生。

至於在職員工的訓練與提升，我也很重視，做業務最重要的就是業績、收入與成就感，如果一個員工，業績做不出來，收入無法提升，很快就會被淘汰。因為旅行社業務的底薪很低，如果業績出不來，每個月能領的錢就不多，他很快就會換工作。

提升業務收入的一個很重要的手段，就是帶團，這是我長期以來工作的心得，我應徵的業務，原則上都希望有領隊證或多益六百五十分以上，能帶團的業務才能做的長久。如果業務的年收入有到達一百萬到一百五十萬，大概就不會離開了。

電子商務快速發生，B2B到BBC，樹立業界標桿

搬到宏泰大樓之後，雄獅的產品線已經發展周全了，ERP上線之後，帶動電子商務的發展，讓已經處於高峰的雄獅的營業額再上高峰，公司在宏泰大樓的十年間，營業量成長了大概三倍。

二〇〇二年雄獅從傳統的旅行社，走向電子商務，當時國內的線上電子商務正在萌芽，雄獅也跟著這一股趨勢在勢頭上發展。當時的網際網路當紅，很多旅遊商品都在網路線上銷售，但是這些線上旅行社的後台卻不完整。雄獅跟別人不一樣，雄獅的內部網路（ERP）早在二〇〇〇年，就建置完成，以完整的後台系統為後盾，雄獅一開始進行線上電子商務，就後來居上了。

批售B2B業務是雄獅的發展的起點，也是我從事了一輩子的工作重點。B2B從傳統的DM銷售到線上B2B2C（簡稱BBC，消費者可以透過合約旅行社在雄獅的帳號，直接在線上訂購雄獅的商品）的電子商務，是一個劃時代的改變。

這套系統是總結了雄獅B2B業務推動經營數十年的SOP與心法，我們設計了四種類型，第一種是「線上經銷商」，任何旅行社都可以跟雄獅申請一個雄獅的帳戶，就可以進雄獅系統。第二種是「網站聯盟商」，就是BBC，首頁是旅行社的，但是後台是雄獅的，雄獅新產品上架，旅行社的網站就可以看得到，這是我經常跟同仁講的，雄獅一定是站在合作旅行社的旁邊，一起協助消費者。第三種是「產品結盟商」，旅行社如果有好的產品，可以上架雄獅的系統，大家都可以去賣。第四種是「品牌加盟商」，現在的旅天下，就是雄獅的加盟品牌。

這套系統二〇〇二年就已經推出，即使經過了二十多年，這四種合作的類型，都沒有超出範圍，還是市場上運作的主流，絲毫沒有動搖。

記得當時團體訂購系統的開發，還得到經濟部的高額專案補助，後來台灣旅行社團體訂購的B2B系統，都是以雄獅系統為主架構。雄獅全力投入線上電子商務，與當時的網路平台霸主Yahoo合作，在二〇〇二年到二〇〇三年間，發展快速，讓台灣的旅遊業傳統的銷售模式，翻轉為電子商務模式為主。

其實傳統的B2B的銷售模式，就是騎摩托車發DM，電話傳真訂位，但是電子商務則是要轉型到旅行社人手一台電腦，上網來訂位。這個轉型，不論是對業務員或是對旅行社，都要花我們非常大的功夫去教育訓練。

這就是我們批售部門最重要的工作，為了這個轉變，全台灣召開超過十幾場的大型說明會，讓旅行社業者了解，他們加入雄獅的電子商務系統有什麼好處？有什麼障礙？要如何克服？

我們的ERP系統，雖然不是完美的，但是在我們內部已經使用一段時間，很多BUG都修理好了，我們先推出B2B系統，任何旅行社業者，都可以登錄一組帳密，直接進雄獅系統後台，研究雄獅的產品內容，查看各團的訂位狀況，可以直接在網站下訂。

第二階段推出BBC系統，消費者（C）都以透過旅行社（B）的帳密，直接進到雄獅（B）的網頁看旅行產品的內容，滿意了就可以下訂。電子商務經過批售部的同仁努力推廣下，大概三年之後的二〇〇五年，全台灣超過百分之九十的旅行社，都開始在使用這套系統。

雄獅的實體的批售業務，本來就是台灣最強，有很多長期深入合作的旅行社，而在加入電子商務之後，在原來深度的基礎上，更加入了廣度。同時也徹底改變了台灣旅行社的生態。

旅行社一旦結合了雄獅的系統，基本上就跑不掉了，從公司到業務都深度結合，也從業務的角度，發展出O2O（Online to Offline），線上線下交叉支援的合作模式。

商場間諜潛伏雄獅，盜學秘笈

台灣當然不是只有雄獅一家在做B2B的批售，也不是只有雄獅一家在推旅行團的電子商務系統，但是不論在B2B的SOP及Know How及二〇〇〇年後電子商務的ERP系統，都遠遠的超出旅遊業界甚多，也引起其他同業起而效之。

這裡我想到當年的一則往事，大約就在二〇〇二年雄獅ERP系統推出B2B2C系統後不久，我們的批售部來了一位幹練的新同事，工作認真，表現也很正常，但是工作一段時間之後，就離職了。離職之後不久，我們就發現競爭對手也在研發推ERP電子商務系統，大概三年之後的二〇〇五年，這家跟雄獅規模相當的旅行社，也推出了線上電子商務系統，幾乎是雄獅系統的翻版。後來我們才知道，那位離職的同事，離開公司，就變成對手旅行社批售部的總經理，那位人士，原來是那家對手公司的IT副總，潛伏到雄獅，就是為了要學習雄獅的系統。

雖然這是旅行社電子商務一段不名譽的商業間諜案子，但是也因此一統了台灣旅遊業電商的規格，大部分台灣旅行社都是以雄獅電商系統為基準來發展。

第一家二十四小時不打烊門市

到了二〇〇五年之後，王董的Idea，要開全台灣第一家二十四小時不打烊的旅行社門市，就是台北市的忠孝旗艦店，我跟王董一起去看店面，租金實在非常的貴，那時月租九十九萬，一年就超過一千萬，前面的客戶勞力士都租不起而退租，雄獅租下來，成本很重。在簽約前，我看了十幾次，王董比我更慎重，應該有去看了三十次。

後來在裝潢的時候，我再去現場，有人要跟我們租圍籬的看板，我問他們要出多少租金，他們說一天三萬，一個月就九十萬了，還只是外牆而已，就有全部租金的價值了，於是我就跟王董說，放心租下來，不會虧本，後來持續租了好多年，一直到疫情發生之後，才收起來。

忠孝旗艦店，是雄獅新型態的門市的實驗場域，也是O2O線上與線下結合行銷的場域，消費者來實體店不只是來看DM、付費及下訂，也可以在現場透過各種載體，進行Online的了解，然後再進行Offline的下訂。忠孝旗艦店主要是服務B2C的直售客人，是雄獅直接了解消費者心聲的場域。

這一連串銷售方式的變革，包括產業結構改變、營運模式改變、通路改變、行銷改變，讓原本就已經是台灣最大旅行社的雄獅，成長到更高的境界，每年三十%的業績成長，宏泰十年，雄獅的營業額成長了三倍，創造了歷史的高峰。也為雄獅成功上市打下雄厚的基礎。

公司上市，功成身退

二〇一〇年，公司搬到瑞湖街之後，二〇一二年，公司就興櫃成功，邁向上市的第一步。經過長期周延的準備，萬事俱備，金管會來視察，我們的CIS旗幟鮮明，資訊設備不輸金管會，上市沒有任何問題，在隔年的二〇一三年成功正式上市，股票代號是2731。

雄獅上市前，我擁有的股票占比增加到十五％，後來因應相關規定，必須要釋出一定的股份，到市場銷售，金管會希望上市的股東人數可以達到三百人，經過釋出之後，我的股份就降到九・四％，是除了王董之外，占比第二多的個人股東。

從雄獅屆齡退休，雄獅公司一直是娘家，跟公司年輕同事的互動，讓我一直保持著年輕的身心。

二〇二〇年疫情起來之後，雄獅面臨了空前的困難，三年虧損了好幾億元，公司發行公司債之後，我的股票占比再下降到八・六六％左右，跟公司一起面對百年一見的難關。還好疫情過去之後，旅遊業已逐漸回溫，以雄獅的體質，應該很快就可以恢復到疫前的榮景。

雄獅的股票上市之後，個人的資產可以活化，隨時可以處分自己的財產，在財務上可以說得上真正的自由，所以辛苦工作一輩子之後，在六十五歲屆齡時，我就選擇了準時退休。

我為公司培育的人才，完全可以接下我的工作，而且我一直有血壓偏高的問題，在無後顧之憂的情形下，我跟王董報告要屆齡退休，跟王董共同奮鬥了三十年，打造了雄獅的江山，王董知道我的個性，離開就是要離開，完全的離開雄獅工作崗位。王董說他很感謝我，感謝一起開創奮鬥的隊友。我能夠財務自由，豐足的展開退休生活，也對王董領導的雄獅充滿了感激。

王董幫我辦了一個盛大的退休茶會，公司的主管及員工都來跟我道別，在雄獅上班的兒子，也在場見證我的退休。從初到雄獅的六人員工，到退休時，雄獅已接近三千位員工，一步一步的見證到雄獅的成長與茁壯，心中滿滿的感恩與驕傲。

王董還另外特別給了一筆五百萬元的退休金，我就用這筆錢買了一輛賓士四百作為退休的禮物，也犒賞自己半生的辛勞。看到賓士車，就想起若干年前跟王董一起去美國出差，看到Local的公司老闆開著賓士車來接我們，那時王董跟我，都還沒有能力開賓士車。我當時鼓勵王董，這些Local的錢，我們可以自己賺，才有後來全球各地分公司的設立，雄獅的版圖，都是一點一滴的擴大，在過去數十年的奮鬥中。

雄獅生涯的重要伙伴

最重要的老闆——王文傑

雄獅在王董入主之後，有了非常不一樣的發展曲線。在王董入主雄獅的初期，我們在工作上有互補的關係，王董的社交能力非常的好，我則是一直在業務的第一線上打拚，他負責公司的發展方向、對外關係、擴大雄獅的影響力，我則持續為公司拚業績，為公司賺錢。

很感謝王董對我百分之百的信任，在我工作的業務範圍內，從沒有過問及干涉過我的決策，對我提出的工作上的建議，也都很支持，這麼多年來，我在衝刺業務時，完全沒有後顧之

王董（前排中）是改變雄獅的關鍵人物，這是雄獅早期的核心幹部。唯一的女性主管即是曾紹英。

憂。

其實我一直都感受到王董對我的重視，他從來沒有對我擺出過老闆的樣子，他的辦公室有一個很大的董事長桌及氣派的董事長椅，但是只要我進他辦公室談事情，他一定會從董事長椅子上站起來，走到會客桌椅上，跟我比肩而坐談事情，就跟平輩朋友一樣，這是王董細心的地方。

從我的觀察來看，王董其實並沒有什麼老闆的架子，但是外面可能會有些誤會，他對待員工其實滿像朋友的。

但是在做事上王董一直很有冒險的精神，當初我在提出包機的計畫時，其實有很高的風險，但是王董二話不說，對於我的包機計畫，全力支持到底，當然我們能回報王董信任的，就是盡全力把事情做好，在我任內，所有有風險的專案，成功率百分之百，沒有一件失敗。

我自認為在工作上是可以承擔風險及有創意的，但是顯然王董冒險性格及承擔風險的能力，遠遠在我之上。有風險的新嘗試，就是有失敗的可能，這麼多年來，雄獅就在王董不斷的Try and try之下，走出跟傳統旅行社完全不一樣的路。

在跟王董的工作模式上，在重要的決策前，我一定會直話直說，如果我覺得不妥，會講出我的顧慮及意見，給王董參考。但是一旦王董在會議做出決議，我就會百分之百的遵照會議的決定去執行，全力完成公司交付的任務，即使這個決策，當初我不贊成，我也會全力完成任務。

最典型的討論案例，就是王董在討論是否要成立「雄獅通運」，來經營遊覽車的業務，我在會議中提出不同的意見，我記得當時的意見有三個，一個是我們對這個行業不了解、不懂。第二個是，這個行業很不容易成功，第三個原因是，即使做得很好，也只能賺一點點錢，做不好，就要虧錢，萬一做得很不好，那就要虧很大了。

雖然我在會議中對王董開通運公司的想法有不同意見，但是王董並沒有完全接納我的意見，會議通過決議要開通運公司。雖然我有持不同意見，但是依我的個性，只要公司決定的事，一定會全力支持做到最好，在後來的發展中，都全力配合公司，把通運業做上來。

開創雄獅的老闆——吳鐵城

吳鐵城是我進雄獅時的老闆，人非常的好，沒有老闆的架子，輔大法文系畢業，跟我是同學院的校友，談起話來特別有共鳴。

他的主業是開貿易公司，後來跟幾個朋友，一人出資二十萬，開了雄獅旅遊，大部分的時間他都在貿易公司上班，平均一個月才來公司一次，從來不干涉我們的業務。在旅行社的業務上，跟吳鐵城的互動不多。

雖然吳鐵城不常來公司，不過當時他的妹妹在公司上班，公司的內部業務，都是由他妹妹負責。

在雄獅的初期，吳鐵城對員工都非常的客氣，也給我們非常大的發揮空間，任憑我們自由自在的闖蕩，也由於他的百分之百的信任，所以早期我在雄獅的很多業務及管理的規範，才能夠完全的落實，讓初期的雄獅慢慢成長。

吳鐵城對於旅行社的經營也是有所期待的，買下東亞旅行社改為寶獅旅行社後，讓我們更有衝刺業務的空間及動力。

相對於王董的敢衝敢撞，雄才大略，勇於冒險的經營風格，吳鐵城相對是比較保守穩健的風格，可惜後來跟王董的經營理念不合，而退出雄獅的經營。歷史無法實驗與重來，如果吳鐵城一直是雄獅的老闆，雄獅會不會有今天的規模？這是無法驗證的假設。

雄獅最厲害的線控——曾紹英

相對於吳鐵城無為而治的管理風格，初入雄獅時的最重要工作伙伴曾紹英，就是紀律分明，管理嚴格的內控大臣，曾紹英留學日本，管理上有日本人注重細節的特性，而且也非常的嚴厲，但是嚴厲的管理，對公司的發展是非常好的。

曾紹英是雄獅的ＲＣ之母，就是大線控ＲＣ（Route Controll）。線控顧名思義，就是要控制整團的線，所有的細節都要由線控規劃，可說是出團的關鍵人物，包括航空公司、巴士、旅館、當地接待旅行社都要由線控負責。

曾紹英也可說是我進雄獅的媒人，當初我在東南旅行社時，是航空公司的業務，曾紹英是航空公司的窗口，我們因此熟識，也因此由她引薦我到雄獅上班。

由於曾紹英的認真與細心，幾乎追蹤到所有的細節。所以雄獅早期出團雖然不少，但是出團品質良好而穩定，在業界的口碑很好，都是曾紹英的功勞。

雖然名義上曾紹英算是我的部屬，但是她的督促非常的嚴格，即使是她的主管，我也經常因為她的督促而成長，是一個非常優秀的員工。雄獅初期發展，她是非常重要及關鍵的角色，我經常覺得曾紹英比吳鐵城更像老闆，幾乎是吳鐵城工作的代理人。

在王董入主雄獅之後，曾紹英的角色還是很吃重，是線控部門的主要負責人，一直到公司搬到民生東路中期之後，曾紹英才離開公司。

曾紹英離開公司後，自己去澳洲開免稅店，生意發展都不錯，我們一直都保持很好的朋友關係，經常有聯絡。

最重要的部屬——陳碧松

在我的職涯中，面試、任用過很多人，其中陳碧松是我認為最傑出，個性也最像我的部屬，目前是雄獅國際部的總經理。

碧松畢業於台大歷史系，在我面試他時，聽說他有準備了一堆的英文自我介紹，那時我想台大畢業的，搞不好英文都比我好，有什麼好考英文的，且在我們當領隊的過程中，反而會用到更多的台語，於是我就用台語問碧松會不會講台語。碧松說他會講，我就請他用台語自我介紹，這是我與碧松的第一次見面，彼此都留下深刻的印象。

碧松一到公司就展現超強的工作能力及認真負責的態度，在業務工作上，一開始就有很好的成績，我看到他的實在，不虛華，也不會刻意奉承我，對待我就跟兄長一樣，所以，到公司短短兩三年內，我就把他升任為經理。

碧松的工作能力及企圖心都很強，在升任經理之後，很多重要的計畫，我都是請他幫忙主持及執行，其中複雜度最高的包機業務，全部都由他一手主導，大大小小的事情，都處理的有條不紊。

對於碧松我一直是完全授權的，只要是我授權，碧松就等於執行總經理的職權，他的命令就是我的命令。再加上王董對我也是完全授權，所以碧松雖然年紀輕，但是他執行的業務職權，就是全雄獅的業務，最重要的是，碧松的執行能力超強，都是使命必達。

碧松結婚時，也是由我幫他主持婚禮，我跟他就像亦師亦友亦父的關係。他母親跟我同年，在年齡上也是他的父輩的人物。

始終相伴的業務同事——黃鈴

黃鈴應該是我在雄獅工作生涯中，跟我一起工作時間最長的同事，他比我更早就到雄獅，是雄獅最早期的六人之一，我到雄獅擔任主管之後，他就一直是我的部屬，一直到在雄獅升任到業務副總，在六十五歲時屆齡退休。

黃鈴的鈴字，發音跟錢一樣，所以黃鈴的英文名字，就變成Money，就是跟著英文「錢」的發音一樣。

黃鈴也一直是我工作上的接班人，以前有新的、難的路線，身為主管，我並不放心，都會身先士卒，主動擔任第一團的領隊。例如：難度超高的中南美洲團，第一團及第二團都是我親身帶過，把路程中所有的問題，都一一找出克服的解方，然後再把這個團交給黃鈴去帶，我都笑黃鈴是個好命人。

黃鈴個性也比較安靜，是一個很好的執行者，只要我們把規則及SOP訂出來，黃鈴都會認真及完美的執行，並且達成任務。

黃鈴後來因為不適應新的工作模式，兩度離開雄獅，後來又再回鍋雄獅，每次回鍋，王董都會問我的意見要不要用。基於一起打天下的革命感情，我當然都同意讓他回來。他年紀比我大兩歲，後來在雄獅比我早兩年，從副總經理的任上退休。

第3章

結構性毛利

什麼是結構性毛利？

我一生的工作時間，大部分都是在旅行社，其中在雄獅工作超過三十四年。旅行社的工作，因為利潤極低，我每天都在思考成本與利潤的問題，把每一個結構的成本都算到極致，這樣才會有機會賺錢。因此，產生了一套思考模式，這也就是我的人生思考模式。我發現自己從小到大，遇到任何事情，都會做結構式的拆解，細算出所有的結構成本，再從每一個結構中，去找出獲利的方法，我自己把這套思考模式，稱之為「結構性的毛利」。

「結構性毛利」這個詞是我想出來的，經過一輩子的驗證，我發現結構性毛利的概念，適用於人生所有的事情上，年輕人想買房子，創業做生意都適用。而在經營雄獅時，我不斷的重覆這個講法，天天宣揚這個概念，隨時都掛在嘴邊，提醒同事注意。

結構性毛利分為廣義及狹義兩種，廣義的定義，適用於人生的各個學習階段及各個人生階段的選擇，結構性的思考越清楚，你的基礎越紮實，人生毛利就會越巨大。

我常舉微積分的學習過程，來解釋廣義的結構性毛利，例如小學三年級要弄懂加減乘除、小學五年級的雞兔同籠及植樹問題、國中二年的的X＋Y的平方、到高二的X＋Y的三次方及四次方，還有函數反函數及對數（Log）跟向量，這些就是微積分的基礎，這些都是環環相扣，互為邏輯的結構性關係，每一個結構都要弄清楚，其中一個結構沒有搞清楚，微積分就不會學得好。化學的學習也是一樣，從週期表到化學實驗，也是環環相扣，鄉下學校根本沒有教通這些，我們的大學聯考，怎麼考得過建中、北一女的學生？

人生講的就是廣義的結構性毛利，層層而上的基礎結構，建得好，人生才有最大的毛利。人生的毛利，不是只有金錢而已，還有快樂。所以我前面提的那一長串的數學問題，仔細體會，不只是數學而已，更是哲學。

狹義的結構性毛利

至於狹義的結構性毛利，我將之用於經營旅行社的心法，也是本書最重要的核心想法，這裡我先解釋一下狹義結構性毛利的定義。

以最實際可見的買房子為例，房子的物理性結構包括樑跟四根柱子，是建物本身是最重要的結構，還有其他所有蓋房子所要的成本，如裝潢費用、家具費用，這些都是硬體結構。但是房子建在哪裡（區位）很重要，這涉及取得房子的地價。在什麼時間買房子，也非常的重要。所謂的「結構性」，除了房子本身的硬體的物理性之外，還包括房子相關的所有時、空、物質跟數量的總合。

買房子的時候，除了要看房子本身的建材、格局及設計外，更重要的看房子所在的區位（空間），購買房子的時機（時間），這些都是結構性的因素，你用結構性毛利的構念，去拆解分析房子的成本，就會有助於你做購房的決策，只要算得夠精細，結構拆得越細，買房子的決策就會越正確。

旅遊業為什麼強調結構性毛利？

從旅行社的經營中，我體會出「結構性毛利」的概念，再把「結構性毛利」的思考模式，更深刻與精細的運用在旅遊業上。

進入旅行社這一行工作沒有多久，就很深刻的體認到，旅遊業的利潤非常的低，而且全世界的情形都差不多。這是旅遊業的行業特性，因為旅行社的進入門檻很低，不用太多資金，不用太高的技術門檻，甚至不用太多的人力，就可以進入這個行業。但是相反的，旅行社要很成功，取得很高的營收，卻非常的困難。旅行社就是低進入門檻、高成功障礙的行業，競爭非常的激烈，如果無法在微薄的利潤中生存下來，很快就會倒閉。

正因為利潤很低，所以成本的控制變的非常的重要，要把旅遊業中所有會遇到的「元件」，一一的拆解，要非常詳細的拆解，才能精確的控制成本。

旅遊業的元件是什麼？機票是一個元件、航空公司是一個元件、巴士是一個元件、一個餐也是一個元件……，中間有非常多的細節，任何一個細節沒有控制好，就有可能虧本。例如，如果把旅行團拉到夏威夷旅行，事先就要把所有的元件資料都蒐集回來，越詳細越好，會用到哪些交通工具，當地有哪些不同價位及風味的餐廳，有哪些特色的景點及景點花費等等……以餐點為例：如果要去吃日本料理，就要先去調查夏威夷有哪些日本餐廳，評價及價格如何？甚至要事先把價格都先談下來。

這些都是旅遊業的元件，元件要如何操作、處理、組合，非常重要，這是旅行社在極低利潤中獲利的關鍵。

把旅遊業的元件（零組件）成本組合起來之後，計算出訂價，再加上其他固定成本及利潤就是團費。訂價部分有兩種計算基礎，一般訂價就是十五加一（十五位旅客加一位領隊）或是二十五加一（二十五位旅客加一位領隊）兩種。十五加一的成本比較高，二十五加一的成本就比較低，計算的方式就會不一樣。旅行團成本中，也有分為單獨費用（每一位旅客的個別費用，例如：旅館費用）及公共費用（所有團客要共同分攤的費用，例如：巴士費用），其中公共費用部分，一般說來，如果團越大，各別成員分攤的單價就會降低，價格就會比較便宜一點。

雄獅初期的業務，是做批售的B2B模式，就是做旅行社同業的業務，要把同業之間的小團併成大團，目的就是要降低公共費用，才能降低單價成本，才有利潤的空間。但是出團過程都是會有變動的，都要等到每一團回來之後，精算之後，才會知道賺不賺錢。結構性產生的成本，一定要算得很精確，旅行社毛利很低，賺錢很不容易，但是要倒卻是很快。

結構性也要考慮時間及空間

結構性的定義，除了要非常詳細的拆解元件的成本，也要考慮到不同的季節、不同的地點，時間及空間不一樣，成本就會有變動。

人員數量的變動很重要，因為有一些元件的成本要攤提，例如一輛巴士坐二十人還是坐四十人，價差就差一倍，但是旅遊業的淨利不到五%，不小心算錯，旅行社要倒很容易啊！

此外，結構性毛利，還要考慮無形的商譽在內，有時候如果一直考慮成本，久久不出團，久了之後，合作的旅行社可能會說你們公司騙人。一直不出團，合作的旅行社賺不到錢，他們也無法跟他們簽約的客人交待。

所以這個時候公司的線控就要很機靈，要不要出團的決策速度要很快，一切的考量點，就是以結構性毛利為計算的基礎，算出該團人數及所有的成本，加上季節因素及旅行社聲譽的無形價值的綜合考量之後，做出是否出團的決定。

介紹我進雄獅的曾紹英，就是一個非常稱職的線控，做事嚴謹，注重細節，在我初入雄獅時，跟我就搭配的很好，替公司賺了不少錢。

我舉一個雄獅當初開發歐洲線的例子，來明確的說明，我如何利用結構性毛利的概念，開發出雄獅叫好又叫座的歐洲旅行線。

雄獅歐洲線最早是由我先去探路的，我拆解了各種元件，包括：餐點、巴士、景點、機票、航空公司、當地導遊及領隊等等全部的資料，回來建立公司的資料庫，元件資料庫越豐富，能建立的行程包裝就會越多元，而且彈性會越大，就越有可能替公司賺更多的錢。

為了歐洲線資料庫的建立，我親自飛到歐洲，在規劃的旅行路線上，一家一家餐廳去拜訪，一間一間的旅館去察看，一家一家的巴士去談判，當然也要跟當地的旅行社談出最好的價格及最好的服務，每一個元件的條件都談好了，再回來計畫行程，訂出價格、製作DM，再去銷售。

甚至我的蜜月旅行，也是跟著歐洲團的行程再走一遍，我當時是擔任副領隊，在旅行的過程中，沿途持續蒐集更多資料，為未來的歐洲線設計，提供更多的素材。

虧本的出團，也要追求結構性毛利

前面提到為了公司無形的聲譽成本，而必須要虧本出團，也有一個活生生的案例。一開始，線控考慮成本的問題，建議不應該出團，但是為了維護公司信譽，還是要出團時，那就鐵定要虧本。

一般航空公司會給旅行社二十五加一的機票優惠，就是一團如果有二十五個客人，就會給出一張免費的領隊票，因此一般出團，如果沒有二十五人成團，少了一張領隊的免費機票，幾乎不太可能會賺錢。

剛到雄獅沒有多久，就有一個團，只有十加一（客人十個，領隊一人），如果出團，鐵定虧本，但是考量到特別的原因，這是一團新規劃的美加團，人數即使很少，也不能不出團。

我就要求曾紹英只要把全團的機票訂好，旅館訂好就好，其他都由我自己來想辦法。這就考驗我要對美國社會運作的了解程度，要把十八般武藝都要用出來，才有辦法拆解結構，降低成本，降低公司的虧損。

那時公司的資本額才一百一十萬，這一團的團費就接近兩百萬，如果沒有處理好，虧損就可能超過公司的資本額，會把公司弄倒的。

這個十人團，是雄獅剛剛開始推美西團之後的一兩年，新推出的美加團，美國加上加拿大總共二十四天，美國跟加拿大都跑遍了，包括美東、美南各大都市加黃石公園等等。但因為是新推出的產品，市場還在試水溫，人數就一定會少，但是又不能不跑，越不跑人就越少，這是新產品的兩難，新路線經常會遇到的麻煩問題。

美加十人團，是一次非常嚴峻的考驗，我必須要發揮結構性毛利的最佳表現，才有機會達成既可出團，又可以讓公司的損失，控制在最小的情形。

於是先拆解這次團費的結構，我發現要省錢，要先從巴士費用上降低才有機會。我沒有事先租好大型巴士，而是在客人下飛機之後，我先安排客人們去上廁所，然後跟大家約好上車的時間及地點，然後我才開始找車子。這不但要用非常短的時間，可能只有十到二十分鐘的時間，找到車子，而且還要談妥價格，這是非常高難度的事情，只有對美國社會運作夠了解，才有把握達成任務。

我知道美國有一種大型的出租計程車，大概可以坐二十人，我在機場先找到這種大型計程車，我問司機一天可以賺多少錢，他說大約可以賺一百元美金。我說，就用這個價錢，跟你租一整天，再另外給你小費，每一位乘客一天多給五元美金。司機一聽就非常高興，欣然接受，在全程的路上，一邊開車一邊唱歌。

相較於租一輛大型巴士，價格大約是大型計程車的四倍多，鐵定賠得更多，光是幾天下來的巴士費用，全團就賠光光了。就是這樣拆解結構，把每一個結構的費用都盡可能的降低，點點滴滴的節省成本。

這一團最後回來結算，不但沒有虧本，公司還有小賺，經此一役，更加深了我對結構性毛利的信念。

用規模去談判——結構性毛利的概念

結構性毛利一個很重要的精神，就是要盡可能的去降低，每一個結構的成本，從我在服役當伙房採買時，就學到了用規模去談判，是降低成本最好的方法（內容詳見第一章）。

歐洲線剛開始時，跟歐洲餐廳的談判，是一個很好的例子。那時還沒有歐元，去歐洲的餐廳消費，都是是用美金付錢，一餐每人平均八塊美金。我就跟餐廳談判，如果我們雄獅團，一季用餐的人數超過三千人次，我可以要求每人次退一塊美金嗎？所有的餐廳都說Yes。千萬不要小看這一塊美金，集起來就很多啊！換一個角度來看，這可是節省了八分之一，就是少了十二•五％成本。相較於旅行社可能不到一％的淨利，是何等的巨大的節省啊！用規模去談判，就是發揮結構性毛利的精神。

歐洲餐廳可以用規模去談判，其實其他的元件如旅館、巴士，任何的元件都可以用這種邏輯去談判。

有一陣子航空公司，我們也用規模談判來退錢，每一個固定的時段內，如果雄獅團客達到一定的人次，航空公司就可以退二％的機票錢給雄獅。這二％的錢，對航空公司來說是很小的錢，但是累積起來，對旅行社就是大比例的錢。雄獅對華航及長榮的一年營業額都有三十億元，二％就是六千萬，兩家加起來就是一億兩千萬，這可是比雄獅的資本額還要大的金額。

規模談判，有時是要用聯合的力量來達成，雄獅做的是B2B的生意，在業界中有很強的橫向聯繫的能力。我們的聯合談判技巧，就是A＋B＋C跟D談，但有時候是A＋B＋D跟C談，也有可能是A＋C＋D跟B談，或者是B＋C＋D跟A談，這種經常變動性的合縱聯橫，在旅行社規模都不大時，經常會發生，當自己的實力不夠的時候，就要聯合其他的勢力來跟主要的關係人來談。

在談判的過程中，雄獅會聯合次要的勢力及次次要的勢力，因為通常次要跟次次要的勢力，都不會太大，雄獅可以去整合他們，再來跟主要的勢力談判，每一種商品可能的勢力範圍都不太一樣，要靠我們去整合。例如：雄獅在跟航空公司談包機的時候，如果只有雄獅一家，通常不會答應，但是雄獅如果聯合了幾家比較小的旅行社，一起提出要求，航空公司通常都會答應。

我經常會站在航空公司的角度來看事情，因為航空公司不想讓雄獅一家獨大，想稀釋雄獅的影響力，那我們多找幾家來一起參加包機的業務，或者聯合多家旅行社，一起跟航空公司談，成功的機會就會比較高。

海外分公司的結構性毛利

雄獅在發展的中期，積極思考在海外的布局及提高獲利的能力，這當然也要用到結構性毛利的精神去算計。

把雄獅團帶到國外之後，通常都要委託當地的旅行社做Local的導遊，這是一定要被當地抽一手的，在美國的Local旅遊公司，他們的固定行情，就是雄獅帶一個旅客來美國，要給Local公司一個人頭二十美金。

這二十美金看似不多，但是雄獅出團量很大，每一團人也不少，長期下來是很可觀的一筆費用。就像我前面講的一段經歷，有一次跟王董去美國考察，當地旅行社的老闆，開賓士來接我們。我跟王董說，這台賓士是我們買給他的，我們一個人頭，他賺我們二十元（美金），都是我們在幫他賺錢，我就跟王董說，這個錢我們可以自己賺。後來雄獅就在加拿大溫哥華，設立了分公司，主要的業務，是接待雄獅來的台灣團。

後來雄獅在世界各地及中國大陸陸續開設分公司，就是要把原來給外國旅行社賺的錢，雄獅自己賺。

在美國開巴士公司，也是結構性毛利的精神，這件事我在前面有提過。一輛全新的遊覽車在美國售價大約三十萬到三十五萬美金，折合新台幣大約是一千萬左右，購車價格跟台灣相去不遠。但是美國遊覽車的租金大約是台灣的三倍，美國租金，一天大約一千美金左右，大概三萬台幣，而遊覽車在台灣的租金，一天大約是一萬元。這個算盤一撥，就把美國雄獅遊覽車的元件成本，大幅降低。

結構性毛利一算，女兒打消開診所的念頭

女兒在台大醫院當醫生之後，想自己開診所，就來找我商量，我用結構性毛利的概念跟她討論，如果開一家診所，那只是維生而已，賺不了什麼錢。如果想多賺點錢，至少要開四家診所，但是一旦開了四家診所，女兒就會以經營診所事業為主，在醫生的本業上的比重一定會大符

下降。賺到了錢，但是會增加很多事業經營上的煩人事情，大部分的精力都會花在非醫療的本業上。這是妳想要的人生嗎？

這是自己要開診所的結構性毛利分析，裡面有成本、獲利、時間、空間的考量，廣義計算到個人的興趣、愛好、人生的初衷……最後女兒放棄了自己開診所的念頭，專心當專業醫師。

鵝肉麵店要賣幾隻鵝？

退休之後，我常常用結構性毛利的概念，去看事情，像我家附近有一家好吃的鵝肉麵店，我就跟鵝肉麵店老闆問，你一天可以賣幾隻鵝？如果一天賣一隻鵝，只能勉強打平，夫妻兩人一起經營，要賺到錢，一天至少要賣兩隻鵝。如果要賺比較多的錢，至少要開四家店，每家店每天至少要賣兩隻鵝。

雖然我沒有賣鵝肉，但是用結構性毛利的概念來分析，把他們店的固定成本及浮動成本算一算，再把他們攤上的單價看一看，我就知道他們要賣多少隻鵝才會賺錢。

第四章開始，我要談我對於旅行社經營的想法與心法，裡面會一直提到結構性毛利的概念，所以在這一章，先把結構性毛利做一個清楚的解釋。

第4章

旅行社經營面向

第二章談的是我在雄獅工作三十五年間重要的經歷及人與事，接下來想談的是我在旅行社工作中的重要想法與感想，我想把這些心法與經歷記錄下來，一方面想讓我的前同事們知道，當年每天早上對他們在業務及工作上的嘮叨，真的都是有用的。

比較可惜的是，當年每天晨間廣播中，講給全公司聽的心法與分析的內容，沒有保存下來，我只能憑藉著僅存的片段記憶，將本書作為我個人對旅行社經營的紀錄，也希望這些經驗的保存與紀錄，對社會及相關從業人員，有所幫助。

就像我經常提出的，旅行社是一個低進入門檻，但是高成功障礙的行業，由於利潤很低，要賺錢並不容易，但是要倒閉卻非常簡單，可能只是一個高價團沒有處理好，就有可能臨倒閉的風險，初期的雄獅，也常遇到這種困境。

旅行社的經營很不容易，要成長到像雄獅這麼大的規模，真的是歷經了千辛萬苦，除了自身的努力，還有著太多的運氣、機緣、貴人……的幫助，得天時、地利、人和，再加上方法。不要看雄獅那麼大，那是多少的淚水、多少的時間、多少的Know How、多少的巧合，而成就了現在的雄獅。

接下來我想講的是對於經營旅行社的心法與方法，也是我一路走來的心得總結，大略分為四個面向來談，分別是管理篇、產品篇、通路篇及行銷與品牌推廣。

管理篇之一：制度建立與管理哲學

在管理篇部分，大致上分為兩個部分來談，因為旅行社的利潤很低，制度及管理就非常的重要，才能追求結構性毛利的落實，第一部分要談的是，我到雄獅之後，如何建立業務的獎金制度及我一直親力親為的管理哲學，這是雄獅初期業務可以壯大的基礎。

第二部分我想談的是標準化及電腦化。旅行社的團位及機位管理，好比貨櫃的管理一樣的複雜，團越多，人越多，路線越複雜，難度就越高，但是卻一點都錯不得。所以標準化作業流程就非常的重要，但是就算再怎麼標準化，一旦數量到達一定程度之後，人工管理的效率就會大幅降低，出錯的機率會大大的提升。標準化的下一步就是電腦化與網路化，才能快速、效率、正確的安排旅行團的行程。

雄獅成長的基礎：業務制度的建立

從結構性毛利為思考的前提下，管理是非常重要的，管得越細，越有可能賺到利潤。但是台灣大部分的旅行社是不注意管理的，常常是走到哪裡算哪裡。但事實上管理是非常重要的，管理有幾個面向，第一個就是財務，財務就要有財務紀律，財務紀律就是你的公司有多少人，多少的資本額，要做多少的事情。例如：要租多大的辦公室，都不能隨便算的，一個人需要的辦公室空間，大既是兩坪。辦公室如果是三十坪，就可以坐十五人。

我雖然是雄獅重要的股東，但是因為基於工作上的分工，財務部分主要是王董在負責掌控，在重要會議上，會提出我的看法及提醒，但都是以王董的意見為主。我最重要的工作，是在業務的薪資及獎金制度的建立。這一套制度，是我一進公司就建立的，一直到現在還在使用，也是讓雄獅茁壯與站穩市場很重要的制度。一開始我就深信，只要落實執行這套制度，雄獅一定不會倒，會越做越大。

獎金制度的建立：業務壓力要四倍

我為雄獅建立的這套業務的薪資及獎金制度，主要是底薪跟獎金，業務想要領到自己的底薪，就要背負業績的壓力，批售業務的業績壓力是底薪的四倍，例如說你的底薪是三萬元，你的業績就要做到十二萬，才能領到三萬元的底薪。

如果問我為什麼要訂四倍而不是三倍或五倍，其實這是從靈感而來的，因為天地之間有東西南北四方，太極中是兩儀生四象。所以一開始在制定雄獅業務的底薪及業績比時，我就用四倍來訂定，四倍守護四方，最能安定一個人，一個家庭及一個公司。其實這個倍數，從事後實務的運算上來看，是剛剛好的。

雄獅獎金制度在計算業績時，是用點數來計算。根據不同的市場，經營的難度及不同的獲利基礎來算點數，例如，每一位顧客，如果購買美西線就是一點，美加線是兩點，中南美及非洲線就是三點，日本線一點，中國大陸線〇・五點，東南亞線也是〇・五點，每一點代表多少固定的營業額，這個金額算下來，就必須是薪資的四倍。

獎懲明確的落實，對業務員是很重要的，他如果沒有做到業務目標，就必須要被罰薪。我自己就曾經罰過我自己，雖然我是業務的主管，但是還是要背負業績的壓力，當時我的月薪只有九千元，因為那個月沒有達到業績要求，根據規定，我必須罰我自己扣薪五千元，制度是我建立的，我不能帶頭破壞制度。被罰了五千元之後，當月薪水只剩四千元，那時我剛結婚不久，薪水都歸我太太管，我去借了錢湊了九千給我太太，根本不敢跟太太說我被公司罰薪。

月薪九千元，被罰薪五千元，這個比例非常的高，這就是按當時公司規定的比例罰錢。我設計的一點，就等同於兩千元營業額。如果你的業績點數，換算成營業金額，沒有達到底薪的四倍，就按比例扣薪水。我被罰五千元那一個月，就是因為當時的美國簽證沒有如預期的時間下來，影響到一整團的業績，因此達不到該月的業績目標，而被重罰。

這又要再講一下，雄獅初期的難處，因為雄獅都是走美國線，美簽又非常的難辦，ＡＩＴ的承辦人員，姿態又很高，稍微表格沒有按他們的規定擺好，經常一整疊文件被丟出來，被要求重新排起，常常被ＡＩＴ的承辦員羞辱。業務也往往會因為美簽拖遲的問題，達不到業績，而被罰錢。

雖然被罰錢是非戰之罪，但是因為制度規定的清清楚楚，我是業務部的主管，如果沒有達到目標，卻沒有照樣依公司的規定罰錢，那對其他相同情形而被罰錢的業務同事，是不公平的，也無法服眾。包括我在內，被罰錢都很不甘心，但是也只能接受公司的規定，有些業務人員，如果長期無法達標，一天到晚被扣薪，就表示他不適任這份工作，通常會在一段時間之後，而自動離職。

有罰就一定有賞，業績超標的同事，就會有獎金可以領。公司的規定，每超標一點，就會有兩百元的獎金，努力做業務的同事，其實每個月都有可能領到不少的獎金。勤勞而且能力強的同事，可能得到更多的獎金，能力有問題或不努力的同事，就會被罰錢，然後離職，這就是一個正向的循環。

我創造的這一套制度，打下了雄獅不會倒的基礎，因為當公司越小的時候，業務就越重要，因為賺錢是小公司的命脈，業務拿回來的的每一筆營業額，對公司都非常的重要，都可以讓公司茁壯與成長。這套獎金制度，明確而且合理，賞罰分明，是雄獅成長的根基。

後來公司壯大了，一切管理都全面的制度化，公司分工越發精細，公司大到不用以業務來主導公司，就不會那麼在意哪一個業務沒有達到業務目標。公司會有更重要的目標要去達成，產品跟行銷策略，慢慢就會比業務更重要。

業務管理：區分為四個象限

關於業務目標的訂定，我在第二章有提過，剛到雄獅擔任業務主管時，我就建立了台北市四個象限的業務範圍區。雄獅初期的批售業務是做Ｂ２Ｂ，業務對象是其他旅行社，當時的旅行社是特許行業，跟報禁、黨禁及電視台的家數一樣，是被管制的，當時觀光局許可的旅行社只有兩百八十七家，註冊在台北市的有一百多家。

台北市旅行社大多集中在松江路及南京東路沿線，我就以南京東路跟松江路交叉口為中心點，以松江路及南京東路為經緯線，將台北市區分為四個象限，每一個象限大約三十家到四十家左右，由一位業務來負責這個象限區內的所有旅行社（又是四個象限，跟前面四倍業績一樣，我特別喜歡將事務一分為四，是一個讓人安穩及穩定的數字）。

剛開始時，雄獅在台北市的業務，包括我只有四個人，我們一人負責一個象限的旅行社業務，每一個業務區都要訂定業務目標，後來業務量逐漸增加，我把每一個象限的業務人員，從一個增加為兩個。

民國七十七年，政府重新開放旅行社的申請，新的旅行社如雨後春筍般的冒出來，雄獅B2B的業務對象越來越多，旅行社家數最多時，在疫情前全台超過三千家，曾經我們的人力部門請我評估是不是要多加業務人力，當時評估，不會單純從旅行社家數增加，來增加我們部門的業務人員，家數雖然有三千多家，但是可跑的旅行社家數，大約也只有一千家左右，人力增加，也不會增加業務量。

身先士卒的管理哲學

對於人的管理，我基本上是非常嚴格的，可以從我跟最重要的部屬陳碧松的互動來了解，碧松很了解我的管理方式，剛到公司的時候，他做任何事，一定是「每事必來問」。後來升任經理當任主管之後，還是「每事必來問」。我看了他問的內容之後，就跟他說，這事你決定就好，第二次又來問，我看了之後，還是說你決定就好，第三次之後，他就知道，那些事情他可以決定，也不會出錯，像這樣優秀的主管，我就可以不必理他，放手讓他去做事。

會讓我一直管理的主管，一定是有某些方面的問題，有的主管講了一堆想法及主張，但都做不成事，這就是有問題的主管。比如說之前有一位經理，一直跟我抱怨他收入不好，他自己是留美的碩士，才高八斗，口才很好。我就跟他提增加收入的解方，他的口條這麼好，語言能力又很好，要不要去帶團，帶團就可以增加收入。結果他也不敢帶，講了這麼多話，也是沒有用的。

帶團可以增加收入，一個主管如果只會說，不會做，我不可能升你的職，加你的薪的。如果對公司不滿意，可以自己出去創業，因為開旅行社的門檻這麼低，隨時可以自己當老闆，就看有沒有人願意投資你，自己賺不賺得到錢。

雖然我的管理很嚴格，也許有人認為我很「龜毛」，其實我的管理哲學也很簡單，只要能創造及增進毛利的，就是好的管理規則，只要不違反公司的規定就好。如果部屬的意見有創意，我也會非常大方的把他的創意加入我們的規範中，為公司創造毛利。

我帶人的心法就是「我會做的事，才會要求你做」，一直以來，我都是以「身先士卒」的方式來帶人，一件事部屬如果不會，我會教他第一次，還不會，我就會教他第二次、第三次，部屬會了之後，再檢視成果，沒有問題，就可以放他單飛，讓他獨立作業。

有些業務員，你給他負責的區域，他跑不出成績，來要求換區域，問題是這些區域我都做過了，我做得出來，也教你方法，你做不出來，就是你的問題了，換區域也是沒有用的。

但是「身先士卒」這種管理方式，並不見得適用於所有的主管，如果主管不是從基層做起，他就不知道基層做事的眉角，很難從最基本的教起。我從雄獅六個人的時期開始，從校長兼撞鐘做起，最基層業務的所有細瑣的事，我都做過了。帶團、踩線、談判所有的事情，我都親力親為，才有這種「身先士卒」的管理哲學。

也是因為自己經歷過所有的細節，我的SOP才能從「身先士卒」中建立起來，一件事情，同樣的流程做了三次，確定都沒有問題，標準作業流程就建立了，標準作業程序，天天做天天做，做一百次就不會出錯。

管六個人跟管一千人一樣

從雄獅初期的六人階段開始，我的職位從副理到經理，升到副總經理，再升到總經理，最多時期管理的員工超過一千人，不論管理人數多少，我的標準及方式都是一樣的。比如說要求的業績，大家都有一致性，連我自己都被罰，更不會管是誰介紹或有特別背景的人，都不可能降低業務標準。

公司管理最重要的是人才的招募及制度的建立，制度建立之後，找人才及培養人才，才有所依據，我一開始就很堅持，我直屬部門的基層業務人員，一定都要有領隊證。

我一直很重視基層員工的品質，只要基層員工的品質夠好，公司的營運一定可以維持得很好。當公司人少時，你或許可以逐一的考核能力。但是人多的管理，就是要靠制度。

再比如說用人的標準部分，從一開始到我退休都一樣，就是要有領隊證，不然就是要有大學畢業的學歷加上多益六百分以上，這是錄取的基礎門檻。

一旦錄取之後，評量能力的標準，就是要靠業績表現，展現業績就直接的衡量標準，就是你會不會幫公司賺錢，會賺錢就是好的員工。當然賺錢不能用不道德的方式來進行，要用公司教導的正常方式去跑客戶。

B2B的批售業務，一直是如此進行。B2C的直售業務比較不一樣，基本上是消費者來銷售點買產品。企業客戶的B2E比較像是B2B的銷售模式，你要去客戶的公司做行銷推廣。

但是不管是哪一種型式的銷售，都要有一定的規矩、一定的方法、一定的道理、一定的流程、一定的組織……，只要維持一定的標準，管理一個人，跟管理一千個人是完全一樣的。

當然在長達數十年的管理生涯中，難免也有看錯人的時候，像有一次我看到應徵者台大畢業，又符合所有的資格，我心喜又得到一個像碧松一樣的好人才，台大畢業的應該什麼都很厲害，也沒有多考核就錄取，想加以重用，培養第二個碧松，不過沒有想到的是，這位台大畢業生根本吃不了苦，沒多久就在業務線上陣亡，很快就離開了。

我個人看錯人才，其實也沒有關係，經過公司標準化作業流程的篩選，經過一段時間之後，就會淘汰不適任的人，這就是標準化制度建立的重要。我們設立了業績的門檻，新人初到的前三個月不計業績，而且會有專人帶著新人學習跑客戶，學習到第四個月，就要看業績表現，如果第四個月業績還是上不來，那大概就是不行了。

因此，透過這套機制的考核，新進人才堪不堪用，大概就八九不離十了。經過這套標準訓練流程得以存活的業務，會有強大的戰鬥能力，我培養出來的業務，一個人的業績，可以養公司二十幾個人，這個成績，公司大部分的人都知道，財務也知道。

當初我在設計獎金制度時，規則是一個業務要養四個人，實際上他們創造出來的業績，往往遠超過我當初設計的業績額度。

以上講的是我主要帶領的批售的B2B業務的訓練及管理，至於直售的B2C業務，執行管理部分，其實比B2B簡單一些。其實跟B2C管理跟B2B一樣，透過點數，來管理業績即可。例如每位消費者去的國家的團費及銷售難度不一樣，點數也不一樣，例如：日本一點、東南亞〇．五點、大陸〇．五點、美西一點、美東兩點、非洲三點，只要是透過個別業務簽單進來，就用點數來衡量你的業績。

B2B的業務，要很勤快的去拜訪同業客戶，B2C的銷售來源比較多元，可以是實體的通路，也可以是網路的通路，親戚、朋友都是潛在的直接客戶。但是業務能力好的人，不管在哪裡都有好成績，業務能力不好的，去哪裡都做不好，我們試過好多人，結果都一樣。

長期觀察下來，其實B2B的業務，要比B2C的業務，難度高出很多。B2B的業務員，在解說產品內容的對象，都是專業人員，有可能是旅行社的老闆，也有可能是旅行社的主管，有時會比雄獅的業務員，更懂旅行社行程的內容，對方或許世界都玩過一輪了，但我們的業務往往還是白紙一張，一點說錯話的空間都沒有，壓力之大，可想而知。

相對的，B2C的業務人員，面對的就是一般的消費者，只要能清楚的解釋行程內容特點、銷售價格、要準備哪些證件等等……消費者覺得條件符合，就可以下訂付費，就完成一筆交易了，比B2B是簡單一些。

公司管理扁平化——部門總經理制度建立

雄獅旅行社是靠B2B的批售業務起家，一直到我從雄獅退休，B2B的業務一直都是我管理的重心。王董入主雄獅之後，有一段時間，王董是董事長兼總經理，那時我是副總，一九八九年，王董升任我為雄獅的總經理，那時公司業務還不太複雜，公司總經理只有一位。那時管理的分工部分，經理級以下比較低階的同仁，基本上都歸我管，經理級以上的主管，就要直接報告給王董，主管們如果有問題來找我，基本上，我就是諮詢及商量的角色，重要決策都是經由王董決定。

公司只有一位總經理的時代，基本上，公司的一般性事務，都要經過我決定，管理、通路、行銷都歸我管。印象比較深刻的一次行銷相關事務的處理是，雄獅大約從一九九二年開始發展直售的B2C業務，當時一位行銷的協理，沒有經過我的同意，就擅自花了五百萬登廣告。問題是他主打的那個行程，雄獅根本沒有拿到機位，是不存在的旅行團，不但白白浪費了公司五百萬元的廣告費，還讓公司涉入廣告不實的風險。

知道之後，我立即進行危機處理，除了馬上撤下廣告，同時開除行銷部出錯及擅自作主的協理，要求明天不用來上班了，讓風暴止血。那位出錯的協理，鼻子摸摸，第二天以後，再也沒有來上班。

在公司規模成長越來越大之後，王董做了一個重要的決定，要設立新的部門，將公司的單一負責的總經理，改為部門總經理，各部門的最高主管，就成為部門總經理。繼我之後成為公司部門總經理的是主導公司資訊化的主要舵手裴信祐，升任為行銷部總經理。

公司從一九九二年前後開始投入直售的B2C業務時，這業務初期還是歸我管，大約經過兩年左右的發展，B2C的業務成長得很快，已經跟B2B分庭抗禮了，王董也決定成立直售營業部，直售部總經理就由原來負責的主管孫明台升任。

在裴信祐及孫明台陸續升任總經理之後，我就從雄獅總經理，轉為雄獅批售部總經理，這是公司成長，規模壯大之後要走的分部門管理。我的工作就比以前更專注在批售業務上。

後來公司陸續增加了各部，包括企業部（B2E）、行銷部、產品部、海外部……等等，一直到我退休，雄獅的組織一直在擴增及變動中。

王董領導下的雄獅規模不斷的擴大，要管理龐大的內部人員及業務資訊，公司投入了數億的資金將公司管理系統電腦化、資訊化及網路化，之後透過ERP（Enterprise Resource Planning）「企業資源規劃」系統的建立，雄獅才有能力管理數千名員工，維持業務的動能。

管理篇之二：標準化與資訊化

雄獅的成功，很多人將之歸功於旅遊業界最早資訊化與網路化的公司，我完全同意這個看法，因為這是事實，但不論是初期的資訊化或後來的網路化，要成功的前提，都是要建立好的標準化作業流程，就是SOP（Standard Operating Procedures），而要建立SOP之前，要先有好的工作習慣。

資訊化前要把產品標準化，旅遊業產品及作業流程的標準化，是我從進旅遊業第一天就開始進行的工作，我心目中標準化最好的範例，就是全世界的貨櫃只有兩種尺寸，二十呎跟四十呎兩種。全世界的汽車輪胎尺寸也是固定的，火車的軌道也分寬軌與窄軌兩種規格。這些都是標準化。

我跟柯Ｐ一樣，是ＳＯＰ的信仰者，在ＳＯＰ詞還沒有盛行前，我的做事風格，就一直是依ＳＯＰ在做事，從小開始，不論做事或讀書，都是講求ＳＯＰ的。我讀書時是讀自然組的，相信科學，很喜歡物理跟數學，習慣一切照規矩來，很嚴格的要求我自己，也很嚴格要求部屬的作業，雖然這種風格不討喜，但是我就是這樣管理的個性。

舉個例子來說，以前ＡＩＴ（美國在台辦事處）的美簽格式擺放，要求就非常嚴格，不符合規定就會被退件。所以文件在送出前做內部檢查時，我也會非常嚴格的要求，按照ＡＩＴ的規定順序擺放，如果有人沒有照規定擺放，我會當場把文件全部拆掉，打亂，要求部屬全部重做。

旅行社作業非常講究細節，魔鬼藏在細節裡，這句話在旅行社是非常真實而貼切。因為一點點細微的作業錯誤，都有可能會導致嚴重的後果，所以我才會一直不斷的嚴格要求作業的標準化，只要一直要求標準化，久了就會變成作業的習慣，就不會出錯。你今天講一、明天講一、後天還是講一、連續一千天都講一，他眼睛閉起來都是一，怎麼會出錯呢？

標準化的建立是如此，我知道標準化作業的習慣很難，特別是在新的作業習慣的建立過程中，容易出錯，但我也不是鐵板一塊，我容許漸進式的改進與歸隊，但是如果一直無法歸隊，那也只有離職一途了。

所以在電腦化之前的十幾年，都還是紙上作業時，因為我嚴格要求ＳＯＰ的作業模式，才可以讓雄獅一直保持著「做多不會亂」的公司文化。

舉個「做多不會亂」例子來說明，在電腦化之前，我們要執行包機業務，那是很複雜很瑣碎的作業流程，如果邏輯不好，事情的複雜，經常會搞到不可收拾的地步。所以做事情的邏輯及標準化就特別重要。一架波音七四七的包機，團客有四百多人，想想看這四百本護照，要跟印出來的四百張登機證做配對，再將正確的登機證夾入護照之中。如果沒有用標準化作業，效率跟正確性，經常會出問題及混亂不堪。光是把四百本護照排出來，就會排滿一大塊地板，每一張登機證拿出來，都要跟四百本護照配對，這個工作量是很可怕的。以前還沒有電腦化之前，就真的只能一本一本去配對，我就要求員工，要用邏輯跟SOP的方法來做事，雖然還是相當費時費工，但是SOP建立，就可以增加效率，減少出錯。

手工作業就算不出錯，也做不大

在電腦化之前的作業流程，客人的訂單進來，業務做過整理之後，就交給OP去建檔，表單跟訂位都是依標準流程，以手工作業建立，建立SOP之後，凡事就照SOP走。如果有新發生的事務，就立即要建立新的SOP，並且馬上可以複製到所有相同的作流程之中，再公告給相關同仁。

在還沒有電腦化之前，即使很嚴格的執行SOP，但是錯誤還是難免會發生，出錯機率比電腦化及網路化之後高出許多，經常造成困擾，一直到電腦化之後，標準化才能真正的落實，錯誤率大幅減少。

電腦化以前，最常發生的錯誤，就是簽證漏辦。之前我還在當領隊時，就發生好幾次，在一團的旅客中，就是有一兩位的簽證沒有辦好。沒有簽證的原因，可能是因為時間上來不及，但也有可能根本就是辦漏了。

沒有簽證，但是旅行團的行程，已經要出發了，簽證鐵定來不及。這時候主管就要決定讓不讓沒有簽證的客人走，不走公司就要賠錢。如果讓客人出國，就有冒客人無法入關的風險。主管決定要讓沒有簽證的客人走，出發前是往往不會先告訴客人，通常都是要到落地之後，再隨機應變。

過去的經驗，就是到了當地國，再跟海關說明原委，或是弄點關係，或是求個情，是有機會混進去的，有一次去瑞士，講一講就通融過關。但也有可能海關就是不放行，最終還是無法入境。有一次去英國，一位客人漏辦了簽證，到了倫敦機場，不管我們怎麼解釋，用什麼方法，海關不准就是不准，最後只好放棄入境英國，我們只好安排旅客先入境下一站的法國，先到巴黎玩兩天，在巴黎等大團來會合，再繼續後續的行程。

這種漏辦簽證的事情，在電腦化之後，就比較少出錯。時間來不及辦是一回事，但是不會發生漏辦簽證的情形。在還沒有資訊化之前，需要大量的人工來處理很多瑣碎的事情，有可能會發生漏辦簽證的事情。

資訊化拉大與同業者的距離

雖然我們建立了完整且可執行的標準化作業流程，同時間，雄獅在王董領導下，業務規模越來越大，靠人工管理資料已經不足以應付，而且無法有效管理龐大的資訊量，而使錯誤發生頻率變高。運用電腦管理龐大的資料，是雄獅壯大一定要走的路。

在電腦化之前，我們是用人工標準化來管理的，但是量大到一定的程度時，人工就沒有辦法了。當公司的員工超過一千人時，一個月的營業額超過三千萬時，就一定要資訊化，用人工管理及記錄一定會亂掉，大而不會亂，就必須要電腦。

旅行社電腦化，就跟貨櫃管理一樣，貨櫃放在第幾排、第幾列、第幾高，然後要在什麼碼頭卸貨，完全不能錯，一出錯，貨櫃送不對碼頭就完蛋了。跟旅遊業的上萬筆的訂位、訂餐等等，一模一樣，完全不能出錯，一出錯，客人坐不到飛機，一次就完蛋了。

公司作業電腦化的號角，當然是由王董發起，他在會議中提出來公司作業電腦化想法，我站在業務作業的第一線，當然是百分之百的贊成。

一九九〇年代，王董挖角在美商台灣氰胺公司中做資訊設計規劃相關工作的裴信祐，來公司擔任經理職務，設計及規劃公司的電腦化及資訊化，這是雄獅早期發展非常重要，且具有決定性因素的決策。資訊化的落實，是雄獅能拉開跟其他旅遊業者差距的關鍵因素。

資訊化的開始

初期的電腦化設計，是架設公司內部網路作業系統（Intranet）。在公司開始資訊化的時候，每周一都會召開產銷會議，由王董主持，這是公司每周最重要的會議，會議一般都是我來主導報告及說明，產品、行銷、通路的相關單位，都會一起參與討論。裴信祐領導的資訊部門的人員，會利用這個會議進行需求討論，針對資訊工程人員提出的規劃報告，相關人員就會發言提出問題談論，會議做出來的共識，業務部門就會全力朝這個方向去執行。

業務部是最主要的內部網路系統的使用者，業務人員針對系統，提出改進想法及新的需求，再跟資訊部門，一起討論出最佳的方向與作法。就這樣一點一滴的來把系統平台共同開發出來。

資訊部門做出來的第一套試用系統，提供我們使用，一開始有Bug（程式設計的漏洞）跟一些不足的地方，初期大家也沒有很滿意，有些不合理、不合宜的部分，但還足以使用，大家就這樣一邊使用，一邊再慢慢的將系統越改越好。那也是一個很不容易的過程，那時候有一個很會寫程式的主管，名叫王淑央，很多問題我們都直接跟他溝通修改，非常有效率。

我記得那時有一個很典型的Bug，就是我們的系統剛上線時，把旅客分為Inbound（來台旅客）、Outbound（出國旅客）跟Local Tour（國內旅行），我們的系統在跨國使用時，會出現問題，同一批旅客從台北去上海，從台北端看是Outbound，但是從上海端看是Inbound，系統就會產生錯誤，像這種Bug，都要在使用中一一加以克服。

二〇〇〇年，公司的ＥＲＰ（Enterprise Resource Planning）「企業資源規劃系統」正式上線，並且為每一位員工，開始進行員工編號，原則上是以進公司的時間來進行編號，比我早進公司的幾位員工，都已經離開公司，我就成為全公司最資深的員工，員工編號〇〇〇一，王董的編號是〇〇〇四，比王董資深的員工只有三人，〇〇〇二跟〇〇〇三號的員工，後來也都先後離職了。

有了ＥＲＰ系統之後，對業務工作的幫助非常的大。剛上線不久，有一次我帶隊到南非，遠在地球的另外一端，心中卻掛念著一些訂位相關的業務，及其他工作的安排。在沒有ＥＲＰ系統以前，必須要回到公司，打開電腦才有辦法處理，否則也只能乾著急而已。但是透過ＥＲＰ系統，即使遠在南非的我，可以立即透過網路解決工作上的問題。這令我大為驚嘆，ＥＲＰ系統真的可以跨時空工作，馬上解決問題。

雄獅的ＥＲＰ是根據我們長期使用的ＳＯＰ來制定，在幾經修正之後，就寫得滿完整的，公司的萬事萬物都寫在ＥＲＰ，比如說刷卡、門禁、考勤的管理，電腦就會幫忙記錄。包括每一筆訂單、要去收的錢、收帳業務管理……等等，所有的資料，都在ＥＲＰ裡面。

ＥＲＰ裡面還有營業額、毛利多少百分比、各通路效益怎麼樣，全部都一覽無遺，有了這套系統，做管理就輕鬆很多了。我兒子也在雄獅上班，就常跟我說，你們當總經理太容易，簽個名就可以賺錢了，他不知的是，我們以前是經過了多少的努力與失敗，才有今天的成果。

現在大家都習慣也很方便在電腦上，透過網際網路，在雲端及遠端工作。但是在民國九十年代，這可是不得了的突破，雄獅的網路化線上作業系統ＥＲＰ的使用，馬上就拉開了跟其他旅行社的差距。

度過陣痛期，電腦化已是常態

其實在推動電腦化的過程中，經過不算短的陣痛期，一開始業務部同仁跟電腦是格格不入的。在陣痛期中，要慢慢轉化大家的思考跟行動，我帶著下屬，一起走這條路。

在公司電腦化之前，業務收件整理之後，就交給ＯＰ打入電腦，基本上，業務同仁跟電腦都不熟。但是在電腦化之後，業務就要將客戶的資料，自己輸入電腦，光是電腦輸入這件事，就把很多業務搞個半死，業務的工作量都大幅增加，工作量增加三倍以上，每一位業務同仁都哀鴻遍野，叫苦連天，但是沒辦法，這就是公司要走的路，我只能陪著大家一起熬。那時我已是總經理，但是也要開始學習打字，輸入資料，陪著大家慢慢修，慢慢改。

雖然，每一個業務都在Complain（抱怨），但是我鼓勵所有的業務同仁，大家都要朝著那個終點去努力。面對業務的反彈，我告訴他們，這是必須要學習的新工作技巧。當時有不少業務，因為無法適應新的網路作業模式，而選擇離開雄獅，那也是自然淘汰，只有祝福他們的離開。後來電腦及網路越來越普及，新進員工都會電腦，就沒有這個網路Gap問題的存在。

在資訊化與網路化的過程中，我的角色是決策者、推動者、協助者，目標明確，王董一聲令下，就全面投入，沒有疑慮，沒有疑義，大家都同步朝對的方向前進，不能適應的就直接離開，剛推行那一年比較痛苦，一兩年之後，就很順了。

ERP系統，打破了雄獅同仁工作的時間跟空間，拉開了跟同業之間的距離，不得不說王董在這一塊是非常有遠見的。

就我所知，王董在資訊方面的投資，向來都不軟手，雄獅投入在資訊化的經費，是非常的驚人，應該有好幾億，這是我們跟其他旅行社最大的不同。那時候雄獅要跟聯電、台積電這些公司搶資訊人才，提供的薪水，甚至比科技公司還要高，才留得住人才。

初期發展時，公司規模還不像現在這麼大，但是投入資訊化的人力相當多，曾經資策會、證管會等單位來公司參觀視察，他們無法想像，一間旅行社，擁有的資訊工程人員，竟然高達一百多人，跟他們單位人數差不多。雄獅在興櫃轉上市掛牌時，當時的證交所總經理林

資訊化是雄獅拉開跟其他業者距離的重要政策，我們全力配合王董的政策，協助同事度過轉型陣痛期。

火燈在上市典禮時誇讚，雄獅是旅行社中的ＩＴ公司，他對於雄獅重視ＩＴ、網路、實體店面的策略讚譽不絕。

資訊化是結構性毛利重要工具

再回過頭來，講我主張的結構性毛利的概念，我認為資訊化是結構性毛利最重要的工具，當旅行社把所有的結構都拆解到最小的時候，就是要靠電腦精密的計算與整理，才能把每一塊成本都算的清清楚楚，每一筆應收的帳款，全部收回來，這樣才有可能獲利。

不能出錯是資訊化最基礎的要求，結構性毛利最重要的就是收帳，因為旅遊業賺得很少，利潤很薄，任何一筆帳沒有收，都會影響利潤。收帳或許想像中不太複雜，但是當公司的營業額達到三百六十億時，就知道收帳會有多複雜。

另外，雄獅後來的分公司及海外業務越來越龐大，遠距管理也要靠電腦化，例如：上海有一筆帳要收，曼谷有一筆帳要付，高雄有什麼事要處理……一堆事，因時、因地、因事、因人都有相關，這些都要靠電腦來管理。

旅行社的電腦及資訊管理做得好，生意不一定會好，中間還有很多的事情要做。但是反過來說，如果你的資訊管理做得不好，生意一定不會好，這是真的。

產品篇：結構性毛利的精華

雄獅產品，面對全世界

雄獅有一個Slogan，最能展現雄獅的產品策略，就是「雄獅旅遊、遊遍全球」，其實我從一進雄獅開始，我的產品策略就是面對這個地球，而不是區域性運營的旅行社。

雄獅旅遊產品，一直是以全球為規劃的目標，我常跟同事說，我們的產品就是地球，地球分南半球及北半球。夏天是北半球的旅遊旺季，但是北半球進入冬天淡季時，卻是南半球的夏季，是南半球的旺季，只要以地球為旅遊市場，一年四季都沒有淡季。

先來說一下雄獅與眾不同的起點，對於一般新的旅行社而言，他們的產品規劃及市場，大多是從附近區域開始開發，再慢慢往外擴張。但是雄獅很奇怪，一開始進入市場，卻是從比較遠的美西著手，而不是鄰近的日本韓國。不過這個策略，應該是在我進入雄獅之前，就已經確定的。

當然這個產品策略的訂定，也要從雄獅開始的經營模式談起，雄獅開始就是B2B批售經營模式，要做的是同行的生意，短線產品對旅行社而言，他們很容易就可以自己操作，資訊取得也容易些，而且產品價格比較低，一般的小旅行社可以自己經營。

雄獅的第一個長程旅行產品就是美國，美國是個有點遠又不會太遠的國家；消費水平有點貴又不太貴；雖然有客人，但是人數大多時候又不夠獨自出團，所以美國線是最容易經營

B2B的市場，雄獅就以美國市場為切入的產品。

而且語言也是一個問題，那時候念大學的人不多，會講英文的人也不多，但是美西華人多，很多華人社區，美西比其他地方更容易經營。這些條件，都是雄獅發展美西產品的利基點，雄獅這個初期的產品策略是成功的，雄獅因為美西團而賺了不少錢，站穩了市場的腳步，很短的時間就買下了東亞旅行社，取得獨立的旅行社證照。

在美西線經營幾年之後，就進一步開發北美的美國跟加拿大，然後再順勢開發中南美，再去歐洲，美國跟歐洲就比較接近，然後再去開發南半球的紐澳，來跟北半球做一個互補，開發了紐澳再加上南非，然後擴及全非洲。做了長程的旅行，再回過頭來做日本及做中國大陸就比較容易，做完亞洲，就完成了全球的拼圖。

以上關於雄獅旅遊產品的開發及拓展的過程，細節在前面章節中有比較詳細描述。但是產品策略部分，才是這一節要講的重點，產品開發最重要的是價格的訂定與策略的擬定，我常說，訂價策略是旅行社產品成敗的命脈，面對不同的季節與區域還有對手的競爭的產品策略，點點滴滴都是雄獅壯大的過程，以下我將透過一則一則的故事，訴說雄獅產品策略的一些眉角及細節。

產品的訂價策略

先說產品的訂價策略，價位思考是產品最重要的核心，產品價位要Match這個市場，要讓消費者消費得起。適當的訂價，才能讓產品賣得又多、又好、又賺錢。

從產品的角度來看，訂價就決定了產品的生死。但是訂價往往有它的困難度，從賺錢的角度來看，當然是訂價越高越好，但是就可能面臨賣不掉的問題。價格訂的太低，你產品賣出去了，但是賺不到錢。

最適合的訂定就是讓消費者覺得，他負擔得起，而且價格讓他覺得「物超所值」，以最近雄獅推出，很轟動而且熱銷的鳴日號來看，其實價格並不低，但是消費者都沒有覺得貴，很多人都搶著訂，關鍵就在於消費者覺得「物超所值」。我參加過幾次鳴日號的行程，從內行人的角度來看，雄獅真的賺不到多少錢。我相信很多消費者，都跟我有相同的感受，他會願意參加第二次，甚至第三次。

再回頭來談早期雄獅產品的訂價策略，以前的長程國際旅行團，都是很高單價的，當時我的月薪不過九千元，但雄獅出團的團費，幾乎都是十萬元起跳，甚至會到二十多萬元，單價非常的高。這個訂價策略很清楚，就是針對高社經地位的客群，而且因為客群人數比較少，各旅行社能招到的旅客並不多，就很適合我們Ｂ２Ｂ的運營模式。

因為，有些中小規模的旅行社，他們可能一年還賣不到一個中南美洲的客人，要單獨一家公司出中南美洲團，是永遠都不可能的，即使一家旅行社招到十個中南美的客人，還是無法出團，所以就是要靠雄獅來合併出團，才有可能成行。

訂價策略，跟結構性毛利的概念環環相扣，非常緊密的結合，我們必須要把所有的團費成本結構，細細拆解，加上季節性淡旺季不同需求產生的不同價格，再考量要去國家的空間到達難易度，而產生不同的價值，再訂出團費的價格。

在計算團費訂價時，要先掌握旅行社的費用特性，基本上費用有兩種不同的計算基礎，一種是全團共同分攤的公費用，另一種是每一個人的私費用，私費用就是按每一個人頭計算的費用。用婚宴來做簡單的舉例，婚宴形式分為團餐跟自助餐，自助餐是按人頭收費，但是團餐是按桌數收費，就是Table Charge。國內的婚宴大多是團餐，國外的婚宴大多是自助餐，來多少人就收多少錢。台灣的婚宴都是團餐，一桌一桌的算，如果賓客No Show的話，還是要算錢的，如果計算一個人兩千元，一桌如果有兩人沒來沒包禮金，馬上虧了四千元，這就是結構性的問題。很多旅行社的在計算團費時，如果忽略了這種結構問題，就有可能會虧本。

另外，旅行社產品的訂價，還要分為有Local跟沒有Local，Local就是國外在地國負責接待的旅行社。有Local旅行社，我們會發需求，請Local旅行社來規劃，或者請他們提供當地旅遊的相關資訊，成本會以Local旅行社提供為主。沒有Local旅行社，所有的規劃都會由雄獅自己進行。雄獅公司的策劃跟業務，根據這些資料把行程規劃出來。淡旺季的訂價，就會涉及跟航空公司訂位的差異，訂位通常是半年訂一次，或是一個季節訂一次，也就是旺季、淡季各訂一次。

還有一個訂價的考量點就是成團人數的預估，通常一個團要賺錢的臨界點就是二十五加一

（二十五位團客加一位領隊），超過二十五人才會賺錢，不足二十五人，就有可能虧錢，人數越多，賺的錢就越多。一團人數的上限，基本上就是該國一台大型遊覽車可乘坐人數的上限。例如：歐洲不能超過五十五人，台灣不能超過四十五人，美國最大的遊覽車可能到五十七人坐，我自己帶團覺得最適合的人數，大約是三十二到四十六人之間，超過三十二人，公司就有不錯的利潤了。

Ｂ２Ｂ訂出來的批發訂價，其實都是割喉的臨界點，一不小心就會虧錢。考量了這麼多的細節之後訂出來的團費價格，再加上五％到十％，就是雄獅要批給其他旅行社的批發價，其他Ｂ２Ｃ的旅行社就依自己的成本與利潤，訂出自己的價格，再賣給消費者。Ｂ２Ｂ跟Ｂ２Ｃ的價格至少相差十％，給一般旅行社的利潤空間是大的，雄獅自己的Ｂ２Ｃ的價格也要比照。

新的產品訂價特別困難，因為是新產品，要測試市場的接受度，而且推廣初期，有時很不好賣，經常會面臨人數不足的問題，就會涉及到價位。這就談到我常說的結構性毛利，如果人數不足，一直出團，人數很少，又導致你的成本增加，結果都不賺錢，有時賺一點點，但是一虧就虧了很多。比如說，這一團賺五百，下一團可能虧五萬，是經常會發生的現象，很多旅行社就是這樣倒掉的。

訂價策略還有一個特點，就是市場的供需要掌握到，才有機會賺大錢。在一年某些特別的時期，訂價有時跟成本無關，是跟供需有關，例如紐澳線在農曆春節期間，需求量非常的大，價格就會比較高，這也是旅行社最賺錢的時間。再例如每年的暑假旅遊高峰期，也是一年旅遊需求最集中的時候，訂價一定會比一般高出許多，但是同樣是暑假期間，訂價也有不一樣，越往前價格越高，通常是六月底到七月中之間的價格是最高的。然後越往後，價格就越低，大概八月中以後就沒有什麼價格的優勢了，這些訂價的時機與策略，都是雄獅賺錢的眉角。

我在雄獅的訂價策略，完全就跟我信奉的結構性毛利的精神完全吻合，所以我在掌管雄獅的產品時，很少出現訂價失誤，最可怕的訂價失誤，就是訂好價之後，產品賣得不好，然後一直殺價，就很糟糕。如果訂價能符合結構性毛利的精神，經常就會得到「二度毛利」，所謂的二度毛利，就是旅客量超出預期的多，量化之後的成本就會降低，而且量越大越可以擠出更多的毛利，就是二度毛利。以上這些，都是點點滴滴累積出來的實戰經驗。

產品的季節策略

旅行團對於不同的季節的產品策略，有不同的布局及思考。一般的思考，淡季就是淡季，度小月休息一下，等旺季時努力衝刺賺大錢，這種思考很傳統，也很正確。但是如果換一個腦袋思考，如何能讓淡季不淡，一樣賺大錢，旺季更旺，賺更多的錢呢？這裡我講三個成功的季節策略的操作，來說明雄獅異軍突起的故事，這三個故事是紐澳線的旺機包機、歐洲線的冬季策略及美東的冬季操作。

紐澳線的春節策略——包機

紐澳團的春節訂價，是非常典型的產品季節性策略操作。紐澳團在農曆過年的期間，對旅行社而言是一年獲利的重中之中，那時是南半球的夏天，是當地的High Season，但是對台灣而言，是Low Season，台灣旅客非常喜歡飛到溫暖的紐澳過年假，這是旅行社獲利的機會。但是飛往紐澳的機位有限，旅行社也是一票難求，只能看著航空公司的眼色來賺錢，航空公司在分配機位時，要看旅行社整年的業績，就會造成大者恆大的局面。

紐澳團的策略，最重要的思考是因為季節跟台灣相反，我們的旺季是他們的淡季，他們的旺季是我們的淡季。

在思考要讓旺季更旺的方法，針對一年一次的賺錢機會，絕對不能放過，紐澳地區不算太大，城市分布也不複雜，而且農曆新年的假期時間及旅客都很集中，很值得我們來開發包機業務。飛機從紐西蘭的奧克蘭降落，旅行團再從澳洲的雪梨搭飛機回來；或是反過來走也可以，就是從雪梨進去，再從奧克蘭出來。因為台灣農曆新年，出遊人潮非常集中，包機作業就很好操作，而且很單純，雄獅很早就開始做紐澳的包機。

過年期間出團，團費價格很高，價格夠高，才可以吸收包機的票價，一般來說，我們包機的票價，都會比一般的票價要貴，因為平均分攤頭等艙及商務艙的費用，費用平均下來就會比一般的機票貴。

冬天的北半球很冷，是旅遊的淡季，紐澳反過來是夏天，農曆新年年假又長，大家方便安排出國旅遊，都會選擇溫暖的南半球。雄獅就是利用紐澳包機的策略，每一個農曆年假都大賺一筆，也因此那幾年每年的過年期間，我幾乎全部都在紐澳帶團。

女兒怡靜出生在二月，那時正好是農曆新年假期期間，我人正在紐西蘭帶團，心中思念剛剛出生的女兒，特別有感。那時是紐西蘭的夏天，在紐西蘭的湖邊，心裡想著的是剛出生的女兒，順口就念出：「倒映在紐西蘭純淨的湖水裡，有妳那美麗的臉龐。」

犧牲了陪伴老婆產女的日子，其實就是因為工作上的因素，也說明了紐澳團短短幾天的農曆春節假期，對於旅行社有多重要，就是做一季賺一年的概念。

歐洲線的冬季策略

歐洲線的冬季策略，也是雄獅早期最重要最成功的案例，反向思考，帶來的利益，遠遠大於常態思考，在別人休息的冬天淡季，我們別出心裁的產品策略，不但讓雄獅大賺一筆，更重要的是，由於我們在淡季時，協助航空公司消化了很多的滯銷機位，在旺季來臨時，雄獅就可以依照冬季的業績，優先分得更多夏季的機位，這就是一個兩頭賺錢的成功策略。

冬季歐洲產品的談判，是特別成功的案例。所謂的冬季歐洲，就是從十月一日到隔年的三月三十一日，他們叫做Winter Season，此時歐洲嚴寒，冰天雪地，冬季歐洲出團數量非常的少，一般航空公司冬季的Target（目標），就是一整季能賣出四百張飛歐洲的機票，就很滿意了。

雪在台灣比較少見，很多台灣人對雪都很好奇，也有浪漫的想像，基於這種思考，我覺得冬季歐洲如果安排得好，價格夠低，未嘗沒有機會。這也讓我想到年輕當兵，在屏東林邊當採買時，用採購的規模去降低價格的成功案例，應該可以用來開發冬季歐洲的產品。

我跑去跟國泰航空談，他們一季目標只有四百張機票，太少，那四百張票雄獅全包，國泰每張機票退三千元給雄獅，是否可行？國泰航空一聽，馬上就答應。他們本來就有每張票退旅行社三千元的空間，既然雄獅一家全包了，他們何樂而不為呢？

但是接下來的談判才是重點，我跟國泰說，把市場搞大一點，雄獅跟國泰訂三千張票，如果達標了，國泰每張票再退三千元給雄獅，我問他們肯不肯？國泰的人大笑，他們認為雄獅不可能賣到三千張。

我告訴國泰，如果雄獅賣不到三千張，國泰就不用退錢，一點損失都沒有。但是國泰不是擔心退雄獅錢，而是擔心我們無法賣出三千張。國泰的顧慮，換我大笑。我說，如果雄獅沒有達到三千張，如果只賣到兩千九百九十九張，每張機票三千元的退款，國泰一塊錢都不必付，這個條件對航空公司而言，是穩賺不賠的。

這就是經濟學上的Side Benefit（附加效益），就看航空公司要不要。國泰一想也沒有錯，他們的目標只有四百張，我提出來的是三千張，不但超高達標，而且穩賺不賠。即使那時的航空公司地位高高在上，也不得不答應這麼好的條件。

當時航空公司眼中，旅行社太多又很小。在達成協議之後，雄獅想要跟國泰正式簽約，國泰根本不要跟旅行社簽約，但是我了解國泰一定很守信用，跟他們的協理達成協議後，他們就會如協議進行，不必另外簽約。

歐洲線的冬季歐洲策略，是雄獅成長壯大決定性的一役。在跟國泰談完之後，我們就跟歐洲的Local旅行社談，那家旅行社叫做Kuoni Travel Agent，是歐洲最大的旅行社，跟他們談Local的配合。策略是跟國泰談的一樣，就是四百人跟三千人，一個冬季至少四百人，三千人以上有特別的折扣。

我跟他們談一口價，一晚四十美金（那時還沒有歐元），冬季歐洲不適合長天數，我們規劃八天五夜，就是遊歷荷、比、法三國，荷蘭的阿姆斯特丹及法國巴黎的航班最多，就選航班最多的城市，一進一出，巴黎進就阿姆斯特丹出，阿姆斯特丹進就巴黎出。

所有國泰的機位雄獅全包了，我的目標就是三千人次，國泰至少要準備一‧二倍的機位，也就是三千六百個機位給雄獅，不過對國泰來說也是沒有問題的，整個冬天，很少人去歐洲，絕大多數的機位都是空的，全部給雄獅也無所謂。

淡季策略就是短天數，低價位。民國八十年左右，雄獅的冬季歐洲策略，打出一個Slogan：「遊歐洲是一生的夢想，只要兩萬九千九百元。」暢遊荷、比、法三天的這種價格一出來，通殺市場，同業都傳說雄獅快倒了，賣這麼便宜。事實上即使很低價，但是機票退錢，旅館餐飲全部都低價，雄獅還是賺很多，這是其他業者不懂的產品策略。

那個冬天，雄獅幫國泰航空賣出四千多張機票，是他們最初給的配額的十倍，每張可退三千元，達成三千張的合約配額後，每張機票國泰再退三千元給雄獅，一個歐洲冬季策略，雄獅賺得荷包滿滿、航空公司也不像往年的空機來回，遊客用極低的價格暢遊歐洲，歐洲當地的旅遊市場，淡季也有生意可做，雄獅也因此在歐洲旺季時得到更多的機位分配，這是一個「五贏」的策略。

冬季歐洲訂的機位銷售，變成夏季歐洲分配機位的指標，整個冬季歐洲的機票，全部都被雄獅包了，等夏季來時，雄獅理所當然的分得了最多的旺季機位。

歐洲冬季機位讓雄獅包了，航空公司會給很多的回饋，夏季的機位都優先分配給雄獅，夏天機位讓雄獅再大賺一筆，其實在冬季，雄獅默默的賺更多，這種正向氣旋一上來，其他旅行社就再也追不上雄獅了。

冬季美東團，複製冬季歐洲案例成功

在冬季歐洲的策略成功之後，我們就複製到美東地區的冬季出團。那時正好我最得意的下屬陳碧松要去紐約駐點，我就叫他去談美東那一區的冬天出團的可能性。其實整個美東的冬天，除了聖誕節到元月十五日間，天氣不穩定、積雪很深，不適合出團外，其他時間都可以出團。

跟冬季歐洲一樣，因為是嚴寒的冬天，美東全部的價格可以談得很好。我們就先帶一團Agent Tour（旅行社團）去探路，我們跟所有的五星級飯店說明，請他們Support台灣的旅行社，希望是零團費招待台灣旅行社，結果每一家飯店都願意免費招待台灣旅行社團。

台灣去的Agent Tour團，在美東一行，吃得非常的好，全部都是住非常高級的五星級飯店。

每一個旅行社的代表，都非常的滿意。當他們知道雄獅談出來的團費，是驚人的「冬季暢遊美東，價格兩萬九千九百元」，都非常的驚訝，回國不到兩周，各旅行社就絡繹出團，那年冬天台灣往美東的班機，也是熱鬧非凡。

跟推廣冬季歐洲一樣，我們也在DM上打出Slogan：「一生的夢想，暢遊紐約波士頓，逛哈佛校園，只要兩萬九千九百元。」台灣人對美東有特殊的感覺，這種低價策略，跟冬季歐洲一樣，也是一下子就橫掃台灣的市場。

冬季美東計畫中，雄獅要跟航空公司拿低價機票，航空公司馬上就答應了，Local旅行團的費用也可以殺得很低價，五星級旅館吃跟住都低價，也免費提供給Agent Tour團，巴士也可以談低價，只要是淡季，什麼價格都好談。跟冬季歐洲一樣，我們算準了在淡季，大家都沒有生意時，價格就不是關鍵的因素了，這就是我一直強調的結構性毛利中時間的考量點。

旅遊業的旺季產品當然很重要，但是淡季的策略更重要，淡季時，雄獅幫航空公司及Local的所有旅遊周邊行業很大的忙，到了旺季時，這些業者一定優先回饋雄獅，這就是雄獅拉開跟其他旅遊業的重要策略。

訂價策略的謀略

訂價策略的目的是賺錢，不能訂出過低的價格，賣了一堆，結果賺不到錢，也不能為了打倒競爭者，任意削價競爭，結果傷人傷己，這些都有活生生的案例。

之前講紐澳的機位在旺季時，一位難求，每年都是各旅行社賺大錢的好時機，此時的訂價一定要掌握物以稀為貴的原則，不能為了盡早賣掉機票，而忘了機票稀有的價值。

以前我們旅行社有組了一個長程旅行社聯誼會，簡稱長聯會，定期開會。有一次開完會，有一家旅行社一出會場，就要殺價賣，我勸他紐澳線好賺，不要隨便殺。他說他一張機票賺三千就很好了，我說一張機票加三千全部賣給雄獅，但是因為面子問題他不要賣給我們。

這家旅行社降價銷售，三天就把所有的機位全賣光了，還打電話跟我炫耀他們的銷售成績。我們多花了一個禮拜，也把機票賣完了。不一樣的是，我每一張機票，帶來的團費毛利，比他多賺了三萬多元。

旅行社旺季時間短，淡季時間長，旺季該輪到你賺大錢的時機，你沒有掌握住，白白的浪費掉賺錢的機會，那就註定是要倒閉的，那家只貪圖一張票賺三千元的旅行社，後來沒有多久就倒閉了。

另外一個案例則是我對付惡性削價競爭的策略，有一團的成本是三萬五千元，但是有一家旅行社，硬是要將訂價訂到三萬兩千元，於是我也把訂價訂到三萬兩千元，而且廣發三千張ＤＭ，最後實際上我只出一團，就是虧這一團的錢，但是那家惡性削價的公司，可能開了一百團吧，那就是虧一百團啊！這家旅行社，不久也倒閉了。

通路篇：打開通路，世界都是雄獅的市場

旅行社的通路，就是接觸到客戶的地方，以雄獅來看，依不同經營模式。通路大致上可以分為批售的B2B及直售的B2C，還有企業客戶的B2E，其中B2E是針對企業客戶，通路比較單純，可以簡單帶過，主要的通路是集中在B2B及B2C。

如果以通路的地區性來區分，則可以分為台北通路、台灣其他地區通路及海外通路。如果再依通路的性質來區分，又可以分為實體通路及虛擬（網路）通路。而依雄獅不同的發展階段及不同的發展重點，這些通路的拓展、功能及貢獻度，也有不同的面貌。

B2B通路，台北為大宗

雄獅成立之初，最主要的B2B批售的業務，絕大多數的客戶都在台北，在旅行社牌照凍結的時代，全台灣兩百八十七家旅行社，有一百多家是在台北，其他縣市旅行社很少，各都會區的旅行社，大約就是五、六家到十多家之間，當然絕大部分的營業額都在台北發生，所有的通路都在台北。

除了台北以外，初期其他有業務的地區，只有吳鐵城的弟弟吳亮德一人而已，當時他服務的地點在高雄。後來又陸續增設了台南、台中兩個通路點，接下來是增設了新竹。這些點剛設立

時，通常都只有一個人在負責業務，地方的點一設立後不久，業績就會明顯成長，很快就得新增人力。

一個區域的業務只有一人時，業務都跑不完，我就會看那個地區業務跟人員增加的速度來適當的增加人力。從業務量成長趨勢來看，初期是高雄成長比較快，接著台中成長得飛快，後來居上，台中不久就超越高雄，業務量僅次於台北。整體B2B業務的排名分別是，台北、台中、高雄，然後是新竹業務量超越台南，分居四、五名。至於其他小區域的業務量部分，桃園成長速度也很快，另外像屏東、嘉義、苗栗及宜蘭，當需求增加，我們也都陸續設立B2B的通路點。

B2B通路人力的配置，通常是看地區旅行社的家數而定，比如說台南後來有一百多家旅行社，適合配置的人力大約十個人左右。高雄大約兩、三百家旅行社，通路點的規模要比台南大一點，人力就要更多，高雄在初設立辦公室時，還要兼管屏東業務。

中、南部辦公室，購屋設置

中南部的辦公室是我當總經理時下去買的，王董對於不動產投資或購置，一直沒有特別的涉及，原本對中南部設置辦公室的規劃，是指示要用租賃取得。我南下察看之後，發現中南部的房地產價格偏低，如果一直付租金，不用幾年租金都可以買下房子，我跟王董報告，王董看了房價及我的意見之後，不再反對在中南部購置辦公室，所以台中、台南及高雄三處辦公室，就成了雄獅僅有購置的不動產。

辦公室購置的區位，是最重要的通路點，要考慮旅行社聚集的區塊附近。每個都會區，都有旅行社聚集的產業區塊，雄獅要做的是B2B的業務，越靠近旅行社的產業區塊附近，就是最好的地點。所以台中的辦公室就買在是在中港路（現在改為台灣大道）跟忠明南路交叉口附近，台南就買在東門路一帶，高雄則是在中正四路一段，這些都是各都旅行社最集中的區域。

中南部原來租用的辦公室，空間都不大，但是同仁人數一直增加，辦公室都不夠用，才要換大辦公室。當時我心中想的是辦公室未來二十年到三十年的成長空間。台中、台南及高雄三個辦公室，購買到現在，都已經三十多年，空間基本上還夠用。我心中盤算的辦公室面積，就是未來二十年的該市的旅遊市場的成長。

那時台中市員工數大約三十多人，我買了一間室內面積一百四十坪的辦公室，原本我在台中看中的是另外一間兩百五十坪的大樓，更是合適，但是想想未來應該沒有那麼大的成長空間，因此做罷，買比較小的這一間。台南當時員工大約十多人，我也大約買了一百多坪的辦公室。高雄員工三十多人，買的辦公室也是一百多坪，中南部的辦公房舍，大概都是需求空間三倍以上的坪數。

到目前為止，台南市的辦公空間還夠用，台中及高雄原本人口數就多，發展也比較快，辦公室空間已經不夠用，就在原辦公室的樓上樓下，再增租一些空間使用。其他各個地方的辦公室，後來陸續建立，但是因為聘用的員工及使用的空間不大，所有的辦公室都是用租的。

Ｂ２Ｂ通路的建立，還是要以人口數為基礎，如果沒有幾家旅行社，去設通路點是沒有意義的，像基隆、宜蘭、花蓮、台東都沒有設立的必要，外島的澎湖、金門、馬祖也沒必要設立。要設Ｂ２Ｂ通路點的區域，主要還是在西部人口稠密區，比如桃園、新竹、彰化、嘉義、雲林這些地方。

Ｂ２Ｂ的通路比較單純，因為主要服務的對象就是旅行社同業，在很早的時候，根據全台灣各地的不同需求，建置完整，通路就是雄獅帶兵打仗的根據地。

Ｂ２Ｃ直售面對消費者，通路擴大

雄獅大約從一九九二年至一九九三年間，開始擴大規模發展Ｂ２Ｃ的直售業務，Ｂ２Ｃ的業務是直接面對消費者，實體通路比批售的Ｂ２Ｂ業務重要非常的多，不過初期發展Ｂ２Ｃ業務時，因為業務量還不大，基本上都是跟Ｂ２Ｂ使用相同的辦公室，將Ｂ２Ｂ的辦公室的部分空間，留給Ｂ２Ｃ直售部門，讓消費者直接上門看產品、諮詢及簽約。各地的通路由Ｂ２Ｂ跟Ｂ２Ｃ共同使用，持續了大約好幾年的時間。

Ｂ２Ｃ的直售業務，要面對個別的消費者，生意的擴張，通路變得非常的重要，所以當雄獅全力發展直售業務時，我要求業務部門要全力發展實體通路，就像在各縣市開店面，賣商品給消費者。

對通路發展的指導原則，就是希望每二十萬人口聚集的區域，就開一家直營門市，要以這個規模，持續的擴散出去，這是我在當總經理，且負責直售業務時，定下的發展方向。例如：內湖區有二十七萬人口，那就至少要開一家，中山區人口也超過二十萬也要開一家，宜蘭縣開一家、花蓮開一家、彰化人口多就開兩家，以此類推。

大約在二〇〇〇年之後，全台灣各處都廣設營業據點。幾乎所有的縣市，都開設了直售的營業點，最多時全台灣的雄獅營業店面，有接近一百個，布建的區域很大很廣，這是雄獅能壯大的重要原因。一直到二〇二〇年新冠疫情之後，通路擴張的腳步慢下來，而且陸續收了很多的營業點，只剩下不到三分之一。我相信疫情結束之後，各地的直營門市應該會再增設一些，或許規模不如疫情前那麼多，但是實體通路的存在是有其必要性的。

疫情後的實體通路

疫情之後，台灣的旅行社大約少了一千家，剩下大約兩千家左右，未來的旅行社，應該會越來越少，但是規模會越來越大，上市的旅行社也會越來越多，因為大家已經感受到資本財利得的好處。

受疫情的影響，很多實體通路收起來，我認為，未來應該會慢慢再回來一些，但是應該回不到疫情前的盛況。以雄獅現況來說，實體通路大約只要維持全盛時期三分之一就夠了。

因為實體通路，無論如何都有存在的必要，不管網路交易如何發達，都有相當比例的人，不放心把錢匯到遠方的點，還是習慣當面把錢交付，即使是比台灣先進二十年的美國，實體通路還是一樣有需求。實務上來看，規模越大的公司，需要更多通路點，可以形成一個服務的面。

雄獅目前的營運模式，都會區的直營點一定有需求，我認為高雄要設個三到五家，台南一到兩家、台中三到五家、台北五到六家，這樣子就夠了。不需要像疫情前設那麼多，未來設個二、三十家，頂多三、四十家，就可以了。

設立通路很容易，要如何經營才是重點。因為雖然現在資訊大部分都是靠網路取得，但也是可以靠實體的通路取得資訊及報名，當然也可能是複合式的服務。例如：在網路報名，再透過在實體繳費。實體店面一直都是很重要的品牌塑造及行銷據點。

網路通路，遍及全台大小旅行社

相較於實體通路，網路的通路成本低很多，而且速度更快，在網路時代，網路上的通路的重要性跟實體通路不相上下。B2B的網路通路，就是建立在ERP系統中的批售系統，國內的旅行社，幾乎都有雄獅旅行社ERP的帳號，可能只有幾家有完全競爭關係的大型旅行社，雄獅不會給他們帳號，實務上他們也不會跟雄獅申請。表面上是我們的營業有些秘密不方便讓他們知道，其實說實話，業界是不會有什麼秘密的，但是名義上我們是不會許可他們的申請，雄獅也不會去申請他們的B2B的帳號。

ERP系統中B2B的部分，所有跟雄獅合作的旅行社，可以向雄獅申請帳號及密碼，再使用這套帳號密碼，直接登入雄獅系統，查看雄獅的產品介紹，及這些旅遊產品的訂位情形。因為對合作旅行社而言，雄獅的批售產品，就是他們要賣給消費者的產品，他們一定要在第一時間知道產品內容及訂位是否客滿，能否成團。ERP系統的開發，對B2B業務幫助非常的大。

雄獅自己直售B2C的ERP系統，消費者就可以直接進來網站閱覽產品，可以在網路上看到自己中意的行程、金額及目前銷售的情形。喜歡的產品，馬上就可以下單，這部分的資訊是相對單純的。

另外還有B2B2C的網路系統，這套系統的特色，就是消費者在別家旅行社的網站，想看這家旅行社的雄獅產品，他就可以透過這家旅行社的B2B2C的帳號，進入雄獅的後台，看雄獅產品的介紹，消費者可以看到行程跟價格，但是看不到訂位的情形，要訂位還是要透過代理的旅行社來進行。

國際通路

國際通路的開設，要看對方國家的政策是否開放，對方如果是成熟國家，比如說像歐美國家，他們都是開放的。只要有錢就可以開設通路，可以設分公司，做Inbound（來台旅客）、

Outbound（出國旅客）跟Local Tour（國內旅行）。但是也有很多國家沒有開放給外國人申設旅行社的通路，像越南的Outbound就不可以，印尼也不行，東南亞大部分國家都不行，大陸政策上也不行。後來有聽王董說，上海的Outbound執照已經爭取到，還在進行相關的規劃，尚未大規模的執行Outbonud業務。

雄獅設立海外分公司，最早是香港分公司，是在一九九五年，香港回歸之前就設立了，當時是為了方便服務去大陸旅行及香港探親，那個時代還沒有開放兩岸三通，台灣人要去大陸，一定要通過香港為中介地，每年途經香港、大陸的台灣人，非常非常的多，因此雄獅最早成立的海外分公司就是在香港。

除了亞洲的香港之外，最早成立的分公司是加拿大分公司，目前雄獅在海外的分公司有不少處。到二〇二三年為止，共有十三處海外分公司，包括美國（洛杉磯）、加拿大（溫哥華）、歐洲（倫敦）、澳洲（雪梨）、紐西蘭（奧克蘭）、日本、韓國（首爾）、泰國（曼谷）、香港、上海、廣州、北京、廈門。

除了海外分公司之外，雄獅在大陸通路的經營也很久，也在各個重要城市都有分公司及據點，在上海取得經營大陸人出國旅行的經營許可，這些都是很好發展的基礎，在這些基礎上，一旦做對了旅遊市場的方向，發展是值得期待的。

過去的發展，比較可惜的是，海外分公司的業務，都太過於集中。雄獅的海外或大陸分公司，一直集中在做Inbound的生意，就是接台北團，服務由雄獅的台灣Inbound團，進入到該國之後，做地陪（Local）的角色。

就是前面所講的，王董聽了我的建議，在海外開分公司，接雄獅Local的生意，自己賺Local的錢。海外分公司初期這個方向是對的，但是經營穩定之後，要想的就是要營運Outbound跟Local Tour這兩塊，其實這兩位的市場及潛力大非常的多。

其實要充分發揮雄獅海外分公司的功能，擴大市場及營收，要從Inbound/Outbound/Local Tour的火網交叉攻擊的方式進行。目前雄獅在海外有十五個據點，可以跨區，跨區就是互有邏輯關係，比如說台灣跟上海，台灣送二十萬人去上海，上海叫這二十萬人是Inbound，台灣叫做Outbound，Inbound跟Outbound就互為邏輯關係。

台灣送去上海的Inbound、上海分公司就會有影響力。二十萬人，上海分公司要訂房、訂餐、訂車、導遊等等這些都要處理。台灣這邊要出二十萬Outbound，也要安排很多事，雙方市場會有相乘的效果，上海的Inbound做得好，Outbound也做得好，如果Local Tour再加上去，從上海去昆明，可以包四十架的飛機，雄獅有這個能量，這個模式做起來，光是上海一地，就有台北九倍的能量。還有北京、廣州、廈門、東京、大阪等地。雪梨能量可能比較低一點，但是歐美的倫敦、溫哥華、紐約這些城市，都是很有能量的。這就是我說的Inbound/Outbound/Local Tour的火網交叉攻擊，就會發揮相乘的效果。

海外通路另一個擴張的能量，就是雄獅獨步天下的Ｂ２Ｂ的組團模式。例如：我觀察泰國就可以做批售的Ｂ２Ｂ生意，澳洲、紐西蘭、日本也都可以，雄獅可以用Ｂ２Ｂ的商業模式，統一全世界，這是可以做到的。

很早以前，有一次我帶歐洲團去勞力士的錶店，看到一個泰國團，全團只有十三個人，也在逛錶店，我跟泰國領隊聊天，我說你們一團只有十三個，一定不會賺錢，泰國領隊說他了解，但是沒辦法，一定要出團，一問之下才知道，泰國沒有B2B的商業模式。

雄獅在泰國也有分公司，泰國國內本身沒有B2B的營運模式，而B2B又是雄獅的最強項，我曾經建議王董，到泰國經營B2B，如果雄獅去泰國做B2B，一定可以一統泰國天下。這些建議，都有待雄獅再詳細評估。

泰國的旅遊業大概比台灣落後二十年，二十多年前，雄獅就是靠著B2B起家，現在去泰國發展B2B正是時機。雄獅在世界那麼多國家設了分公司，就可以從這些國家開始經營B2B的運營模式，當地的B2E也可以運作，當地的B2C也更有市場，其實雄獅還有非常大的成長空間，如果把有分公司的國家，都像台北一樣的經營，還有多少倍的成長空間啊！

推廣篇：行銷與品牌

旅行社產品及業務的推廣，行銷一直都占了非常重要的角色，不同的時代有不同的行銷媒體及工具，不同的業務形態，就有不同的行銷對象及方法。雄獅旅遊從最早的B2B，慢慢擴張到後來的B2C再到B2B2C，不同的業務形態，就會有不同的行銷管道及作法。

初期雄獅規模還小的時候，業務都是校長兼撞鐘，行銷也要幫忙做啊！後來雄獅規模擴大之後，行銷及品牌推廣，便分工並成立行銷部來執行相關工作。

從業務的角度來看，行銷及品牌推廣是我們業務銷售的源頭。B2B時我們要行銷的對象是其他的同行旅行社及旅行社中靠行的同業，行銷對象集中，行銷工作類型也比較單純。後來到了B2C的直售年代，面對的就是全台灣所有的消費者，銷售的管道及方式就很多元、多平台，行銷及品牌建立，變成公司非常重要的工作，王董在這一塊的著力就很深。

行銷一・〇，三千份DM打天下與出團說明會

B2B年代是雄獅行銷一・〇的年代，行銷工具就是一張A4的DM，那時候是非常陽春的行銷手法，我們把所有要銷售的產品內容，打在一張A4大小的傳單上，再由合作的印刷公司，幫忙印出來，每一張傳單大約印出幾千張左右，再由業務拿去發給合作旅行社及在旅行社中靠行的個體戶。

那時台北大約有三百家旅行社，每家旅行社平均有十個靠行，台北大約就要印三千多份，另外還有台中、台南及高雄的旅行社。

行銷一・〇時代，最重要的行銷對象是旅行社，在銷售階段，雄獅不會接觸到一般的消費

者。但是一旦成團之後，雄獅就有直接接觸到消費者的機會，雄獅品牌露出最重要的媒介，就是出團前幾天的行前說明會。

雄獅的團非常的多，我們幾乎一天到晚都在辦行前說明會。那時大家都是靠行，根本沒有大的辦公室或會議室可以舉辦行前說明會，那時都會借縣市旅遊局或是交通部觀光局的會議室來辦說明會，或者是借用松山機場的會議室辦說明會，這些相關的政府單位，也體諒小旅遊業者的難處，會準備很多小型會議室，供業者使用。召開行前說明會，形成那個時代，相當特殊的旅行社生態景觀。

觀光局會在每一個縣市中心，設立「旅遊服務中心」，當時雄獅本身量體小，但是出團量大，非常需要公立的會議中心，提供給我們開說明會。早期的旅遊資訊不像現在這麼發達，上網查一下，什麼資料都有，所以行前說明會，就變成最重要的旅遊資料的提供場合，大部分的消費者都會來參加說明會。

說明會是雄獅旅遊跟消費者最重要的溝通管道，也是雄獅旅遊最重要的品牌推廣的媒介，我相信，所有參加過雄獅旅遊辦的說明會的消費者，沒有人會不知道雄獅旅遊，但是知道寶獅旅行社的人並不多，那才是我們公司當時正式的名稱。

我們當時就覺得建立品牌是很重要的事情，不要一會兒是寶獅旅行社，一會兒又是雄獅旅遊，消費者一定會搞混，消費者去觀光局一定查不到雄獅旅行社，以前還沒有那麼好查資訊，也沒有那麼多詐騙集團，如果是現在，一定認為我們是詐騙集團。

當年買下東亞旅行社，沒有以雄獅旅行社為名，而是以寶獅旅行社為名，是老闆請算命老師取的名字。也因此改名這件事，在公司內部也有很多次的討論。最後為了統一消費者的印象，深化雄獅旅遊的品牌，在一九九三年，全新成立「雄獅旅行社」，正式統一公司名稱及旅遊品牌，都叫「雄獅」。

另一方面，寶獅旅行社的公司一直維持著並沒有取消，我剛退休的隔年，王董請我擔任過一段時間的寶獅旅行社的董事長（註：寶獅董事長任期到二〇一八年為止），所以到現在，還有很多朋友或下屬會叫我陳董，就是由此而來的。

B2C行銷二・〇，報紙＋雜誌及全媒體（直客時代）

迎接雄獅B2C時代的來臨，行銷全面展開才有意思，B2B的行銷對象只有三千家，但是B2C的行銷對象就是台灣兩千三百萬的潛在消費者。

當開始做直售行銷時，雄獅每年都編列了相當大的預算做媒體的購買，當時報紙的影響力很大，雄獅的媒體購買主要集中在當年的兩大報，中國時報及聯合報，還有很多的雜誌及其他刊物的廣告也會購買，每個月的廣告預算都超過五百萬元。

品牌推廣——從雄獅通運到忠孝旗艦店

除了行銷之外，王董對於品牌塑造與推廣的投資也是非常大手筆，我想這也是雄獅跟其他旅行社很不一樣的地方，除了對外做媒體廣告購買之外，雄獅也投入很高的預算自己建立內容行銷的團隊。曾經有自己的電視台，有自己的節目製作團隊，有很高規格的攝影棚，也有自己的出版社，還有一家欣傳媒，這些投資都非常鉅額，目的都是在打造雄獅的品牌。

後來成立的雄獅通運，從遊覽車經營的利潤角度出發，我是持反對的意思，但是王董有他的想法，當我看到幾百輛帶著鮮紅色雄獅旅遊標誌的遊覽車，在台灣的大街小巷穿梭時，這就是雄獅品牌宣傳廣告。後來看清這一點之後，不但不反對，也欽佩王董的作法。

另外，從一開始我在台灣各都會區，建立了大型的店面及招牌，這些都是深化品牌形象很重要的作為，最具有指標性意義的，就數台北市忠孝東路的旗艦店。

位於台北忠孝東路四段的旗艦店，面積只有小小的十坪，但是一個月租卻要一百一十萬，外面的走廊也是承租的範圍，當雄獅要承租這間天價黃金店面作為實體店時，媒體的效應相當的驚人，大眾都很好奇，為何一家旅行社，居然可以租下這個天價的店面？

很多人以為雄獅應該租一下下就會換人租了，事實上雄獅從二〇〇五年開始租起，一直到疫情發生之後才退租，前後有租了十五年，房東劉太太花一億三千萬買這個金店面，我們的租金，已經超過她買房子的錢，這間房子等於是雄獅幫她付的錢。

忠孝旗艦店二十四小時不打烊，除了有實體店面的經營作用外，其實品牌知名度的擴張，應該是更重要的目的，我們之前有請工讀生計算過，SOGO復興店與SOGO忠孝店互為犄角的十字路口，來來往往的行人，一天高達六十四萬人次，等於每天都有六十四萬人次看到雄獅旅遊，這個眼球的廣告效益非常的驚人。

雄獅永遠的標誌——紅燒獅子頭

回過頭來我想說一下雄獅的企業標誌，紅色的獅子形象，很多人都戲稱紅燒獅子頭，這個企業標誌其實已經超過四十年了。當年我到雄獅時就是這個標誌，雄獅在天一靠行時代，有一個業務名叫殷寶卿，是一個很好的老實人，這個紅色的獅子頭標誌就是他設計的。

品牌推廣是重要的投資，雄獅在忠孝東路開的二十四小時不打烊的旗艦店面，立下了行銷及話題的里程碑。

後來在企業形象ＣＩＳ重新設計時，曾經要把這個紅燒獅子頭換掉，重新設計了一個，但是後來各方面的評價都不好，對企業形象沒有加分，就又改回紅燒獅子頭。這個標誌很醒目，也廣為台灣消費者接受，我覺得這個企業標誌很好，是台灣很多人的共同的記憶，也是雄獅品牌形象塑造的成功範例。

經營心得小結

未來一百年雄獅的發展

經營了一輩子的旅行社，退休之後再從局外來看，有一些觀察與心得，在此做一些分享，來推估一下，雄獅未來的發展，也談一談台灣的旅遊業，未來的前景。

旅遊這個行業，在未來一定會越來越好，但是我相信在台灣經營旅行社，會越來越辛苦。美國的旅遊業比台灣先行三十年，日本比台灣先行二十年。所以三十年後的台灣就是現在的美國，二十年後的台灣，就是現今的日本。

美國跟日本都沒有旅行團，都沒有團客了，所以未來台灣也會慢慢的走向沒有旅行團的經營模式，利潤更低，低到完全沒有邊際效益。旅行社幫忙訂一個旅館，可能只賺兩塊錢，現在

ＡＩ那麼發達，所有旅行社的業務，可以ＳＯＰ化的，包括訂房、訂餐、訂票、訂車，ＡＩ都可以代勞，完全可以取代人工。如果還要用人工去做，那花了很大的力氣，連員工的薪水都賺不回，更不要談利潤了。

那未來的雄獅該怎麼辦呢？未來的雄獅不在台灣，而是在越南、在菲律賓、在泰國、在中國大陸……為什麼這樣說？用歸納法來分析，人口在一億以上，國民所得一萬美金左右的國家，就是雄獅未來的潛在市場。像越南、菲律賓、泰國的人口都接近一億，印尼人口超過兩億，中國大陸十幾億人口。國民所得一萬美金，中國大陸已經有這個水準，東南亞國家也都在急起直追，這些國家就是二十多年前的台灣，二十多年前的台灣，旅行團是何等的興盛。雄獅就是要把過去二十年，在台灣發展的模式與ＳＯＰ，往前述的這些國家進軍。

越南人有了一定的經濟能力，人民就會想來台灣玩、想去日本玩、想去歐洲玩、想去美國玩，跟二十年前的台灣社會氣氛是一模一樣的。雄獅在胡志明市的分公司，可以開一百個點，帶越南人去世界各國一百個點玩，台北跟高雄是其中的兩個點，這是越南的Outbond。

雖然從雄獅退休，始終認為雄獅的前景大好，尚有百倍的成長空間。

另外一方面，當越南的國民所得來到一萬美金時，會變成先進國家人民喜歡去玩的城市。這跟二十年前的台灣一樣，當時就有很多日本人及美國人，喜歡來台灣玩。未來，日本人及美國人，也會很喜歡來越南玩。那時胡志明市的雄獅分公司，就可以好好做Inbound。然後胡志明市的雄獅分公司，把越南國內的旅遊元件弄好，Inbound旅行就不是問題，也可以用力推廣越南國內的Local Tour。

我講到胡志明市的旅遊行業發展，只是用來舉例說明，其實，包括雄獅在中國大陸各城市的分公司、東南亞各國分公司、甚至ＬＡ分公司、歐洲的分公司……，都可以用台北雄獅成長及發展的模式。如果雄獅在世界各國的分公司，都使用台北雄獅公司的Know How與發展進程，就都可以發展成為該國最大的旅行社，那雄獅還有一百倍的成長空間。

中國大陸未來二十年的旅遊業發展，也是不得了的前景，今年中國有一・三億人口出國旅行，雄獅旅行社在大陸，多個城市都有經營Outbound業務的執照，但是過去一直沒有朝這方向來發展，有點可惜。現在中國大陸人均所得超過一萬美金，未來二十年的旅遊業發展的軌跡，就是台灣過去二十年的發展，再不進軍中國大陸，就真的來不及了。

發展中國家人才的招募，我之前有主張，用台灣的薪資水平，可以聘到一等一的人才。再用胡志明市來舉例，越南大學畢業的平均起薪大約三千台幣，台灣是三萬台幣。雄獅如果用台灣的起薪去胡志明市，相當於當地十倍的薪資去招募人才，是不是可以招募到當地最好的人才？並不是說所有的人力都用台灣的起薪，但是關鍵的人才，例如一年有十個人，是用台灣的起薪，是不是可以得到胡志明市最好的大學畢業生？

有一等一的人才，有台北雄獅的Know How，把胡志明市的雄獅發展成全越南最大的旅行社，應該不是太大的問題。泰國、菲律賓、印尼、馬來西亞、中國大陸……都是下一個台灣雄獅複製的大市場。

旅遊業的未來——整合與元件完善

至於談到台灣旅遊業的未來發展，就像我前面說的，未來台灣以組團方式出國旅遊會越來越少，台灣其實不需要三千家旅行社，可以做一個適度的整合，結盟、加盟，互相支援，整合行銷，目前旅天下已經在進行這樣的模式了。其實台灣旅行社，可以整併成十個大的旅行社聯盟品牌，而雄獅是其中一個，這樣就夠了。

旅行社業者還有一件事很重要的事情要做，就是把旅遊的元件做得更完善，把旅遊的基礎打好，比如車子要弄好、旅館要弄好、景點要弄好。只要把台灣的旅遊元件都弄好，就是一體的三面，例如我們把五星級旅館的元件弄好，Inbound跟Local Tour的五星級飯店，條件都是一樣的好。

元件還包括國外的元件，例如台灣的一個大型旅行社聯盟，可以去東京包下好的五星級飯店，台灣的Outbound旅客到了東京，就跟日本Local Tour的旅客享受相同等級的飯店，這就是元件完善的概念。

未來台灣的旅行團會變少，旅行社家數也會整合變少，但是旅行社會變大，包括資本額變大，員工人數變多。旅行社的人力及影響力會外放到全世界，台灣會變成中央控管，變成大型旅行社聯盟的腦。就是國際化、真正的國際化。

雄獅國際化、台灣十家大型的旅行社聯盟都可以國際化。這是我想像未來一百年的雄獅及台灣旅遊業。

第5章

領隊生涯中的故事

爭取當領隊的機會，是我當初從全國首屈一指的東南旅行社，投身到靠行的雄獅旅遊最重要的原因，也有最直接的理由，就是領隊有大幅增加收入的機會。但是我內心最渴望的是，當領隊就有機會帶團到世界各地去見識一番。

後來職涯沒有經過幾年，逐步成為公司重要主管，帶團的機會就越來越少，但是只要有機會，我一定會爭取帶團。後來就真的不是為了收入，主要還是因為，我很喜歡帶團，同樣的景色帶著不同的團員，就會有不同的風景。

這裡講的幾件故事，在我的生涯中都相當的特別，令我印象深刻，終生難忘……

故事一：完成世界旅行的願望，張教授在旅程中辭世

張教授的故事，是我在領隊生涯中遇到很特別的故事。大概民國七十年的時候，那是雄獅的第一個中南美洲團，由我當領隊，那一團有二十多人。張教授是台大獸醫系的教授，是一個謙和的長者，大約六十多歲，報名了這一團極罕見的中南美洲團，要歷時二十八天。那時的團費很高，中南美洲的團費接近二十萬元，屬於高價團，不是一般人付得起的團費，參加的團員，大多是有錢有閒的退休族群。剛從學校退休的張教授自己參加旅行團，他的太太並沒有隨行，一起旅行的是他的哥哥及嫂嫂。

整團的行程從美國到中美洲，再到南美洲，最後一站來到巴西，全程都很平順，巴西是南美的最後一個國家，接下來就準備要過境美國回台灣。當我們全團來到基督山時，一路無事的張教授，突然倒地。我原本以為只是因為長途旅行，老人家身體太過勞累，引發身體不舒服，就先載回旅館休息，也沒有多想。隔天飛機回程經過美國奧蘭多轉機時，張教授人身體更不舒服，晚餐之後，進入房間，整個人就昏過去，失去了意識，我馬上打九一一電話，讓救護車送到最近醫院急救，醫院一檢查，發現是攝護腺癌，而且是末期癌症。

主治醫師來跟我說，情況非常危急，要立即開刀，但張教授只是我的客人，我不是他的親人，無法簽字決定，就請他哥哥打國際電話給他太太，張教授並沒有讓他太太知道他癌症末期的病情，張太太在電話中，授權張教授的哥哥幫忙簽署手術同意書，取得家屬同意後，醫生要立即進行手術，但是醫生有私底下跟我說，情況不太好，很可能會過不了關，在進手術室前，我在張教授耳邊說，要他放心，美國醫生的醫術高明，他一定會好的，我一定會把他帶回台灣，張教授就進了手術室，但是最終不敵重症，張教授還是病逝在美國。

張教授之前有跟我說，他想在剩餘生命時間裡，可以完成環遊世界之旅，中南美洲是他環遊世界的最後一塊拼圖，張教授完成了他的人生心願，在美國離開了世間。那時候的規定，是不能將遺體帶回台灣，我還要繼續帶團的行程，就請Local及洛杉磯的同事幫忙家屬處理張教授的後事，再將骨灰帶回台灣。

當生命接近盡頭，張教授用餘生，完成了熱愛的世界旅行，成就了人生的夢想。因為怕太太擔心，沒有將自己的病情告知太太，其實他的太太知道他的病情，但是為了成就張教授的好心，張太太從頭到尾，也都沒有讓張教授知道，她已經知道張教授的病情。這是一件熱愛生命，夫妻有愛的故事，也是我帶團的生涯中，印象最深刻的故事。

故事二：法航停飛，靠一百美金免於流落波哥大

帶團生涯中，各式各樣的意外都會不時發生，考驗領隊的應變能力。最離譜的一次經驗就是，帶著四十多個團員，飛了三十個小時到達南美洲要轉機時，老早就訂好的班機，到了機場要Check in時，才發現飛機已經停飛，但是完全沒有通知。帶著一大團人，卡在機場進退不得，當時真是欲哭無淚。

民國七十年初時，我帶著中南美洲團，到達哥倫比亞首都波哥大（Bogotá）要轉機到秘魯首都利馬（Lima），原先訂好的法航班機，居然臨時宣布停飛，但是事先完全不知情。我想，法航是世界知名的大型航空公司，怎麼可能說停就停啊！應該是航空公司從歐洲飛中南美洲的班機生意不好，就停飛該班機。

我帶著四十多人到機場，才發現沒有飛機，我問櫃台人員，那下班飛機何時會來，櫃台說要兩個禮拜，我當時心中一沉，心想：「天哪！兩個禮拜，這四十多人怎麼辦？不會要我們流落

在波哥大吧？」這真的是晴天霹靂。

還好我是航空公司業務出身，知道機票可以Reissue（重新登記出票）的相關規定，於是我就請櫃台把原來的機票，開成兩張，一張從波哥大到瓜亞基爾（Guayaquil，厄瓜多第一大城），另一張從瓜亞基爾到利馬。

這樣我們就順利的到瓜亞基爾，但是在辦理轉機時，航空公司的人員說沒有機位，我心想轉機時都已經Booking好了，哪可能沒有機位，擺明了就是故意刁難，如果不想想辦法，這一團四十多人可要露宿機場。於是我靈機一動，就把一百美金的紙幣，放在證件內，再很認真的請櫃台人員說：「我在前一個機場已經訂好機位了，請你再查一下，是不是哪裡出了什麼問題？」櫃台人員打開我的證件，收起了一百美金，馬上和顏悅色的說：「查到了，機位沒問題！」。這就是中南美洲國家的行事風格，我相信到現在都是一樣，一百美金非常好用。也感謝一百元美金的幫忙，免於四十位團員，露宿在瓜亞基爾機場。

因為處理得宜，這一團多花一點時間，順利的完成後續的旅程。我常常在想，一個好的領隊，要有很強的心臟跟豐富的常識及知識，當意外來臨的時候，可以立即處理，幫公司避開危機。這個法航停飛的意外，如果沒有處理好，很有可能會發展成為重大的國際糾紛，一團高價旅行團，四十多個團員，在南美洲機場卡兩個禮拜，以當時雄獅的公司規模，這一團就有可能讓雄獅Bye-bye。

這種突發的意外，在領隊生涯中經常會發生，比較多發生在東南亞、中南美洲及非洲國家。

明明簽證及護照就是期限內，他就硬說過期，或者無緣無故叫你打開行李要檢查，我還聽過海關人員跟我說，你的簽證不是很好的簽證……各種奇奇怪怪的理由都有，就是要給他錢，一般的情形就是給五塊或十塊美金就可以打發，像我帶著一整團，通常都是給他一百塊美金，就當是過路費。

這些案例也可以說明結構性毛利的重要性，旅行社賺的錢很少，什麼都要省，又不能出一點點的問題，出一點點差池都有可能會賠到倒閉。所以這些年，一路過來，雄獅可以發展成這麼大的規模，我只能說：「天佑雄獅啊！」

故事三：大峽谷空難——師大姐妹到天堂授課

大峽谷空難發生於民國八十四年，來自雄獅旅遊的高雄團，團員一共十七人，分乘兩架次的飛機，從空中鳥瞰大峽谷，其中一架次坐了九個人，小飛機從大峽谷起飛後不久，墜毀在一片松林中，並且起火燃燒，造成七死兩重傷。而這個行程，是旅行團的大峽谷旅程中，搭小飛機看大峽谷風光的自費行程。

大峽谷空難發生之後，我馬上飛去美國處理，七位死者中，有一對姐妹，都剛從師大畢業不久，她們住在高雄的父母非常的傷心，我透過電話真心的安慰他們，告訴他們，兩姐妹相約，到天上教書去了，姐妹的內心會一直想著，好好的孝敬你們的。

事件發生時，台灣社會對於保險的觀念還不夠，但是雄獅有很周全的保險規劃，把保費當作成本的一部分，但是即便如此，台灣人的賠償觀念及金額還是跟美國人差很多。

我當時代表雄獅公司去美國處理善後，就是要跟美國的交通部門談判，一起解決事件。在進行理賠的談判時，我代表受傷及罹難的家屬跟他們談。在過程中，我很強烈的要求公平的對待台灣人，我要求美國代表，不能對台灣公民不公平，不能用台灣的賠償金額來談，要用美國公民的賠償標準來談。

我很了解美國人，我知道他們對台灣人，一定會大小眼，一定會用台灣人的賠償標準來談，但是我就是要爭取跟美國公民一樣的公平理賠待遇，這是我爭取的底線。最後的確是按照美國的標準來賠償，賠償的金額非常比台灣高非常的多，但是金額不能對外公開，而且每一位罹難者的賠償金額，也有不一樣。

在代表家屬跟美國人談判時，我只談賠償原則，每個個案的賠償金額，就是由航空公司跟家屬談，就我所知，家屬對於美方開出來的條件，都可以接受，所以沒有發生什麼爭執的事件。

中間還有一個插曲，就是美國的律師在得知我是台灣的談判代表之後，都在我旅館房門外排隊要見我，他們想取得這個案件的談判代理權，而且他們都宣稱不會要我們出半毛錢。但是我很了解美國的社會的狀況，這些律師都是吸血鬼，一旦他們取得代理權之後，最後談判的賠償金，可能會有一大半會被他們拿走。所以這些在門外排隊的律師，我一個都沒有見他們，我就是打定主意，自己跟美國代表談賠償原則。

談判達成共識之後，我跟美國交通部門代表，一起召開記者會，當時很密集的在台灣的電視台播出。失聯很久的初中、高中同學在電視上看到我，才知道我在旅遊業工作，同學們都相當驚訝，當時我是雄獅旅行社的總經理。

故事四：南非空難——一整團人員消失在空氣中

南非空難發生於民國七十六年十一月二十八日，南非航空二九五號班機，從中正機場起飛，飛行大約九個半小時後，在印度洋上空，突然起火墜毀，機上一百五十九人全數罹難，而死者當中，三十名是台灣乘客，其中有十幾位是雄獅旅行社的南非團成員。

那一場空難，雄獅損失了一位很優秀的領隊任秉台，他帶領的一個旅行團，前往南非旅行，沒有想到，卻因為貨艙中的一把無名火，讓任秉台跟十多個團員，還有其他一百多位乘客及機組員，一起長眠在印度洋中。

我跟任秉台的交情還不錯，他是一個負責認真，口才很好的領隊，在早期，好的領隊是公司非常重要的資產。

因為南非空難是整架飛機掉入大海，所以沒有空難現場要處理，能處理的就只有幫客人爭取最好的保險理賠，南非空難比大峽谷空難早七年，保險的觀念還沒有很健全，但雄獅都有幫團員投保旅行平安保險。我記得當時承保的是國泰保險，國泰很幫忙，很快就完成這個意外的理賠，雄獅負責積極協助處理善後，當時外界對於雄獅也沒有太多的苛責。

南非空難對雄獅整體的營運，影響很大，當時南非線的旅行團，經營得非常好，規模越來越大，雄獅因這條線賺了不少錢，當時我正在研究如何包機去南非的行程，沒想到就發生了南非空難。空難之後，旅行團就沒有了，接下來沒有多久，南非斷航，南非團從此成了絕響。

除了紐澳之外，同樣位於南半球的南非，旅遊的季節性也很強，原本是一個很可以期待的市場，我們都已經準備要談包機時，卻因為一場空難而中斷，非常可惜。在那場空難中，雄獅也損失了一位優秀的領隊。

南非線也是很有故事的，因為種族隔離，南非成為全球公敵，但是跟台灣有邦交，台灣人很多都去南非置產及旅遊。當時有一句「雄獅旅遊、遊遍全球」的Slogan，為了要完成這一句Slogan，雄獅就積極的開發了當時很少人會碰的非洲線。

後來往南非機位幾乎都被兩家旅行社包了，一家是雄獅，還有另外一家旅行社，他們主要是做商務旅行，雄獅則是旅行團。南非線市場要進入很難，機位很稀有，有一陣子華航有飛南非，華航跟南非航空的機票，幾乎被我們全拿了，這是一條稀有的航線，客源少但票價高，進入門檻也高。

一切的前景，卻因為一場空難，戛然而止。

故事五：十分鐘搞懂陌生的CIQ

三、四十年前我們帶團去到南美洲或是非洲，對領隊都是巨大的考驗，這些地方不要說台灣人很少到達，華人也不是很多，第一次到這些城市時，我跟客人對這些城市是一樣的陌生，但是我們不能告訴客人，我對這個地方很陌生，客人會嚇到，我們就要裝作對這裡很熟。其實關鍵的時間，就是尿尿的十分鐘。

在經過長程的飛行之後，所有的旅客下飛機的第一件事，一定是去上廁所，我通常會給客人十分鐘的時間去上廁所，約定十分鐘之後，在某處集合。當大家第一時間衝去廁所時，我的第一時間是要去蒐集資料，觀察一下每個機場的CIQ，所謂的CIQ就是海關、移民與檢疫（Customs, Immigration and Quarantine）。

每個國家的CIQ流程可能都不太一樣，第一次到達的國家，就要第一時間去了解這個國家的CIQ，客人尿尿十分鐘，我馬上跑去繞一下，了解一下，蒐集一下機場英文DM，在客人上完廁所，我也了解一周了，就可以帶著客人出關。心裡其實緊張得要命，但還是要裝著一幅熟門熟路的樣子。

其實領隊當久了，就會了解每一個機場的CIQ的程序，都有類似的邏輯性，就是檢疫跟海關，但是因為每個機場的配置大小會差很多，有時同一機場不同航廈之間，距離非常的遠。例如奧蘭多的兩個航廈之間，光是坐車就要二十多分鐘。

雖然領隊跟客人都是第一次到這個機場，一樣的陌生，但是客人預期你可以克服一切的問題，如果領隊自己搞不清楚狀況，帶著幾十個客人在機場繞來繞去找地方，那這個領隊不及格，馬上就被扣分。

雄獅初期，我幾乎是所有新路線處女行的領隊，沒有前人，沒有老師，只能摸著石頭過河，每一個空檔時間都要充分的利用，憑藉的就是經驗及邏輯推理的能力。慶幸的是，在幾十年的領隊生涯中，沒有開過天窗，雖然經常有些驚險跟意外，都能平安的度過。

故事六：一小時在南美洲找到中餐廳

充分利用時間的另一個案例，就是在南美洲及非洲找到中餐廳。去中南美洲或非洲的旅程，往往都是二十天以上，離家時間太久，到了南美洲或非洲之後，很多客人就會想念中餐，想吃中餐廳。

這些南美洲國家及非洲國家，我也都是第一次造訪，那個年代，沒有Internet，沒有Google Map的餐廳評價，根本查不到哪裡有中餐廳，以及這些中餐廳的評價如何。所以幾十年前，要在南美洲或非洲找到不會讓客人嫌的中餐廳，也是一個很艱難的任務。

我的作法跟在機場找ＣＩＱ資訊的邏輯一樣，但是找餐廳的難度更高一些。

像我們第一次到秘魯首都利馬，記得大約是下午五點多，先將客人帶到飯店Check in之後，我就跟客人宣布，一小時之後的六點半，我們在大廳集合，帶大家去吃中餐。但是這個時候，有沒有中餐？餐廳在哪裡？什麼樣的餐廳？我都不知道，我當然不會告訴客人，初到貴寶地，還是要裝著熟門熟路。

就是利用這一個小時，不能休息，要找一間還不錯的中餐廳給客人吃。我就搭計程車出去覓食，計程車司機就帶我去市區一家略有規模的中餐廳，老闆是華裔的第二代或第三代，中文會說一點點，不是那麼的流利，有中文的菜單，我看了一下菜單，菜色及價格都OK，就先點了一些菜，再趕回飯店，接客人來用餐。

這些經驗累積的技巧，請計程車司機帶我去找中餐廳，通常計程車司機知道的中餐廳，都是當地比較大、比較好、比較知名的中餐廳，小的特色餐廳，他通常也不會知道。這個技巧除了在南美洲之外，初到非洲我也是如此處理。

一般來說，這些華人很少到達的城市，他們的中餐都是西化之後的中餐，口味適合當地人，我們吃起來不那麼對味，但是勉強可以接受。那種感覺就像是台灣人開的法式餐廳，一樣的意思，台灣的法式餐廳或是日式餐廳，服務的對象是台灣人，不是法國人或日本人，所以口味是符合台灣人的，或許純正的法國人或日本人來吃，他們的感覺跟我們在南美洲及非洲吃中餐是一樣的意思。

跑久了之後，會發現在南美洲或非洲的中餐廳，大多是老華僑的二代或三代在主持，大部分的老闆即使有華人血統，大多都不太會講中文，即使會講中文，講得都不好。還好所有年輕一點的老闆，都可以用英文溝通。

故事七：女兒出生，我只能看著紐西蘭湖水

冬天的北半球很冷，是旅遊的淡季，紐澳反過來是夏天，農曆新年年假又長，很多人會安排出國旅遊，不少人選擇溫暖的南半球。早期雄獅利用紐澳包機的策略，在每一個農曆年假都要大賺一筆，在我當領隊的前幾年，每年的過年期間，幾乎全部都在紐澳帶團。

民國七十六年的農曆春節是在元月二十九日，那時我太太懷著第二胎，隨時準備臨盆，但是職責在身，我必須遠赴紐西蘭帶團。行程走到一半，那時我正在南島，就接到我太太打來的電話，說陣痛開始，要去婦幼醫院生產，她的姐妹陪同，要我不要擔心。

太太個性堅強而獨立，又有家人照顧，理智上我一點都不擔心，但是情感上，太太生產我卻不在身邊，心裡總是掛念著。

女兒出生在大年初七，跟太太在電話中聯絡，知道母女均安，心中的高興與不捨，五味雜陳。人在紐西蘭帶團，心中思念剛剛出生的女兒，特別有感。那時是紐西蘭的夏天，紐西蘭南島的湖泊，是世界有名的清與藍。那天我就在紐西蘭南島，圍繞著皇后鎮，非常有名的瓦卡蒂普

湖（Lake Wakatipu）湖邊，看著清澄的湖水，心裡想著的是剛出生的女兒，順口就念出：「倒映在紐西蘭純淨的湖水裡，有妳那美麗的臉龐。」

犧牲了陪伴老婆產女的日子，其實就是因為工作上的因素，紐澳團短短幾天的農曆春節假期，對於旅行社十分重要。那時春節紐澳團，每一人的毛利大約比平常多了一萬到三萬，我常說熱門時節做一季，就可以賺一整年。

因為一直專心在工作上，照顧家裡的工作，都交給老婆，拉拔兩個孩子長大。心中一直對老婆有一份虧欠，只要老婆一生氣，我都不會回嘴，心裡想的就是她為這個家貢獻這麼多，要多讓她，不要惹她生氣。

故事八：最深刻的三大美景

帶團的生涯，大部分時間都在帶長程跨國的旅行團，世界都不知跑幾圈了。看遍世界美景、吃遍世界美食，印象最深刻的世界三大自然美景，就是日本的櫻花雨、加拿大的楓紅和紐西蘭的湖水。

日本的櫻花舉世聞名，二月開始，全國各地到處都是櫻花，從最南的沖繩到九州，再到最北的北海道，不同月分，不同的品種，不同顏色的櫻花，會陸續綻放，最晚到北海道的五月都還有櫻花。

每年春天日本的賞櫻季，各地的賞櫻時間都高度集中在兩個禮拜之間，這是非常方便旅行社操作的時段，也是旅行社一年中，很重要的旺季，也是做一季吃一年的那種重要時節。

日文系畢業的我，日本是我最熟悉的國家，櫻花季每一次造訪都是全新的感動，我印象最深刻的櫻花是在京都的一個河邊。京都是小唐朝是小長安，大化革新時，日本建都於此，歷史悠久，市區不太大，建築物集中，很適合自由行。

賞櫻季去京都茶屋喝茶，配著和菓子，一口茶、一口和菓子，已是人生一大享受。我們是台灣的旅遊從業人員，日本的旅遊振興局，都會安排我們去最好的地方賞櫻。我們在京都的小河邊喝茶，看著片片櫻花從天而降，飄飄落落，花瓣很集中的大片大片的飄下。

我們都席地而坐，在樹下吃著茶或是喝著日本清酒，舉杯互敬時，就看著櫻花雨瓣瓣落下，在旅人的頭頂、肩上、酒杯裡、茶碗上……此情此景，終身難忘。

日本的櫻花季，真的很適合人類去旅行，不只是風景美麗而已，而且有很深刻的文化底蘊。日本人通常都把人們聚集，欣賞櫻花飄落的時節，叫做「櫻花祭」，祭這個字在日文中，就是盛典的意思，如果翻譯成西方的嘉年華會，意思也是差不多。

另外一個跟日本櫻花季可以相媲美的就是加拿大的楓紅，日本的櫻花是春天，楓葉就是每年秋天發生的自然美景。加拿大應該是地球表面，楓葉最具代表性的國家。櫻花日本全國都有，加拿大的楓葉也是全國都有，但其中最有名的就是聖羅倫斯河沿岸的楓葉，更是美中之美。

楓葉轉紅也跟櫻花一樣，具有高度集中性，高度集中在十月初的那兩個禮拜，這種短時間高度集中的風景，是旅行社最好操作，可以適當而且不用增加成本就可以提高價格的時機，但是時間很短，要的就是時間成本。

每年十月初聖羅倫河上千公里的河岸，楓葉由綠色轉成黃色，再轉成紅色，滿山遍野一望無際的楓紅。風吹的時候，紅色片片吹落，那個場景就跟前面說的櫻花雨是一樣的，只有親身進入這個情境之中的人，才能有那種真正的感動，是語言無法形容的感動。

日本的櫻花跟加拿大的楓葉，從南到北都有不同的欣賞的時間，加拿大的旅遊局會發布楓葉情報，日本的氣象廳會發布櫻前線。目的都是讓旅客知道目前各地的楓葉轉紅或櫻花盛開的比率。

至於紐西蘭湖泊最大的特色就是湖水的純淨，大部分的湖泊幾乎都維持著最原始的樣貌。再加上山景及山景在湖中的倒影，再加上翠綠的草地，這一大景也是人間絕美。

因為紐西蘭本身就是一個火山地形，所以紐西蘭的湖特別的多，不論是南島北島的湖泊都非常的清澈而美麗，整個紐西蘭就是人少湖多，大自然的風景真的美極了。

還有一個原因是天氣好，特別是紐西蘭的南島，是在南溫帶地區，空氣及天氣都特別好，天空及湖水倒映出來的藍，是台灣及其他熱帶或亞熱帶看不到的藍色。

第6章

工作之外的人生

投身旅行社之後，工作的時間一直都很長，經常到深夜才回家，早期沒有勞基法的時代，加班也沒有加班費，一心一意只想把工作做好，晚上或假日都不會應酬，就是一直在工作。即使後來升任到總經理，還是非常努力的工作。沒有行動電話的年代，總經理桌上有三支電話，兩支是台灣電話，一支是國際電話，只要是上班時間，我的電話幾乎沒有停過。工作填滿了生活，工作之外的人生，其實很貧乏。

家庭當然是最重要的支柱，我也非常重視家庭，忙碌的工作，讓我很少有時間陪小孩，即使是假日，也有處理不完的事情。婚前在討論後婚生活時，就跟太太商量好，我全力負責賺錢，她把工作辭掉，專心在家照顧小孩。讓沒有後顧之憂的我，可以全心全意的衝刺工作。

在全力工作的三、四十年中，家庭生活尚且無法顧及，以前的老同學、老朋友們，幾乎都完全中斷了彼此的聯絡。

在接近六十五歲退休年齡時，回首前塵，發現人生只剩下工作，錯過了太多其他的事情。所以我沒有任何留戀，年齡一到我就決定退休，想在身體尚可的時侯，把因工作而欠缺的人生，做一些填補，包括家庭與朋友。

工作以外的家庭生活

成家娶妻生子

年輕的時候，家裡很窮，從南部北上讀書工作的我，對自己完全沒有信心，根本不敢交女朋友。直到在工作數年之後，工作穩定，經濟不再那麼拮据，正好遇到我太太，也是姻緣接近，我才提起勇氣，追求她，那時已經年過三十歲，我太太比我年輕十歲。

認識我太太葉寶華的時候，我已在雄獅上班，那時她在貿易公司當會計，跟我的一位大學同學在同家貿易公司。當時貿易公司老闆，要買環球機票，做環球的旅行，當時票價高達三十多萬元，對於這樣的大戶，我親自把機

全心全力投入工作，家庭全靠辛苦的太太照顧，一家平安和樂，退休後才有更高品質的家庭生活。

票送到他們公司，然後再去跟會計請款，會計正是我太太。第一次接觸之後，我對這位長相清秀，話不太多，辦事俐落的女生，印象很好。我也跟我同學表達，我對這個女生有好印象，但是那時候很保守，經過一段時間，我都沒有得到她的相關資訊。

不久之後有一天，應該也是緣分吧，我行經中山北路跟民權東路的地下道時，居然遇到了我太太。她下班後，正準備去搭公車回家。意外的相遇，很驚訝也很高興，我就開口跟她要了電話，終於得到她的聯絡方式。後來我就打了幾通電話，約出去玩，我記得第一次出去，我就騎著50cc的小機車，到處逛逛走走，後來騎到故宮跟外雙溪那邊。之後我們就開始交往，真是中山北路走七遍，才遇得到的機緣啊。

順利交往一年左右，論及婚嫁，雙方家庭也都能接受彼此，於是就安排去女方家裡提親。那時我的父親已經往生，母親身體也不太好，於是請我的叔叔幫忙，作為家族的長輩代表，前去提親，也表示我們家族，對這門親事的慎重與重視。

我岳父母對我這個女婿很滿意，沒有要求聘金，我那時去借了二十萬元的禮金，說好只是

太太是我一生中最重要的伙伴，兒女的成長都靠她，讓我衝刺事業，無後顧之憂。

把現金放在桌上，過個場，意思意思，岳家沒有將現金收走。之後，就在眾家親友見證與祝福下完成了婚禮。

在婚前我還做了一件重大的決定，成家就是要先買房子，有了房子，才方便跟我太太提結婚的事。工作幾年之後，我有存了一些錢，去標了一個會，再跟我妹妹借點錢，湊了六十萬元的自備款。就這樣，一個從彰化鄉下來的窮人家的孩子，在台北買下了人生的第一間房子。

那時為了買房子，到處去看屋，後來有朋友位於內湖金龍路的房子要賣，金龍路那時算是台北的郊區房子，房價價格只有市區的一半左右，三十多坪公寓房子的三樓，朋友開價一百二十萬，硬是殺了十萬元，以總價一百一十萬元買下，跟銀行貸款五十萬元，那時的利息可是非常高的十四%。

那時台灣社會各行各業都蓬勃發展，台灣錢淹腳目，大家都忙著搶現金，所以利息都非常的高，但是人人都充滿著希望，多苦都願意撐下去，明天一定會更好。房子五十萬元的貸款，因為利息太高了，我很快就籌錢把房貸還清。

而我們兩人的第一次旅行，就是蜜月旅行。那個年代民風還很保守，我在旅行社上班，是有很多機會可以出國旅行，但是在婚前我都沒有安排跟太太一起出國旅行。兩人第一次一起的出國旅行，就是去歐洲的蜜月之旅。

雖然是蜜月旅行，但我還是以雄獅公司的代表身分，跟其他旅行社合併組成一團，全團有三十二人，領隊由另一家有經驗的合作旅行社主管負責，我是擔任這個歐洲團的副領隊，航空公司給這一團兩張ＦＯＣ（Free of Charge），也就是免費的帶隊者機票。那時歐洲團，才開始經營不久，很多事情的安排也是剛開始安排。

歐洲的蜜月旅行，是我第一次帶歐洲團，我一方面度蜜月，也一方面學習歐洲團的帶隊，真是把家庭跟工作結合到了最高境界。這個歐洲團是合併團，遊歷歐洲十七天，從倫敦進歐洲，結束時從羅馬離開歐洲，一共經英國、荷蘭、法國、比利時、瑞士、奧地利、列支敦士敦、義大利等國家。

蜜月旅行，還要兼工作，幾乎沒有在拍照，難得留下一張太太在巴黎的照片。

我們在民國七十三年結婚，那時我已經三十五歲，在那個年代，算是高齡才結婚了。婚後，我跟太太商量，她把工作辭掉，負責持家，我在外面工作，負責賺錢養家，那時我的薪水還滿低的，但是我有帶團，帶團的收入還不錯。

婚後隔年我的兒子出生，相隔兩年之後，女兒出生。兒女出生成長的時期，正好是我衝刺事業最忙的時間，經常帶團出國，那個年代的出國團，幾乎都是長天數的，一去就是二十多天或是一個多月。我印象深刻，例如：美加團一去就是二十四天，中南美洲團二十八天，歐洲團二十八天含遊西班牙，二十四天含遊北歐，最長三十四天包含以色列。

我兒子出生時，正巧在台灣，沒有帶團出國，陪著老婆去醫院生小孩。但是我女兒出生在民國七十六年的農曆新年假期期間，那時正是紐澳團的超級大旺季，公司非常缺領隊，我必須在紐西蘭帶團，只能看著紐西蘭的湖水，心中萬分思念著剛剛出世的女兒。

因為工作太忙，小孩成長時，其實陪伴的時間不多，太太辭去工作，全心全力的在家照顧兩個孩子的成長，老婆在家發揮了安家的作用，讓我工作無後顧之憂，是我們這一生很重要的決定，我一直都很感激太太把家裡照顧得很好。

那個時代的工時長，每周上班六天半，其實周六幾乎也都是上一天，到半夜才回家，只有周日才休假。我很早就買了車子，假日有空時我會帶著兩個孩子出去走走，是我們親子每周難得的相處時間，只是周日我也常常沒空。

由於我在雄獅上班，老婆及兩個孩子出國旅遊的機會，應該是同儕中最多的，第一次出國在小孩兩歲到三歲的時候吧，記憶中是去韓國玩。後來我太太經常帶著兩個孩子，參加公司的團，幾乎遊遍了世界各大洲，但是他們還是最喜歡美西，因為有迪士尼樂園。

關於家人參加雄獅團有一些規定，老婆小孩不能參加我帶隊的旅行團，所以大部分時間都是我帶我的團，老婆小孩參加別的領隊帶的旅行團，只有特別的時候，我會請假跟著他們一起出國。至於家人團費，其實沒有特別便宜，只便宜一點點，大概就是批發給同行的價格而已。

兒女念書的情形，我參與的也不多，都由他們自動學習與各自發展，我只有在有空的時候問一下小孩，念書方面有沒有問題，兒子永遠都回答我，他沒有問題。而他在國中時，正好教育部在推動學生自學計畫，學生在家自己擬定讀書計畫，他也不想去學校上課，我也覺得可以適性發展很好，兒子後來在學業上表現平平。有時侯我會自責沒有多花時間陪兒子讀書。

但是相同的教育方式，在女兒身上就有完全不同的表現，女兒從小學、國中畢業都拿市長獎，我這個老爸還沾光跟女兒一起跟市長合照。高中考上北一女，成績一直是名列班上前幾名。我同樣三不五時問女兒有沒有問題，課業一等一的女兒，回答我說英文有問題。我心想，北一女的學生，英文考八十多分還不好？我還是幫她找了老師來補英

出國遊玩，大多是老婆帶著孩子參加雄獅團，遊遍世界，我很少有機會同行，這張在澳洲蒸汽火車前的全家合照，實屬難得。

文，果然英文大躍進，大學考試英文只錯一題，順利考上北醫醫學系。

父母早逝，人生最大遺憾

我一生中最感慨也最遺憾的是父母親過世的太早，在我有能力的時候，他們都已經離開人世，沒有辦法帶他們到世界各地走走。前面我提到過，父親在我初入社會沒有多久，還在東南旅行社上班的時候，就因病去世，年僅六十二歲。民國七十五年，在我兒子出生的次年，我母親去世時，也是六十二歲。就算以當年的平均壽命而言，我的父母親都不屬於長壽的人。

母親從年輕時，身體就不太好，慢性關節炎、胃痛等等毛病一大堆。我覺得她最嚴重的身體狀況惡化，是發生在

女兒自幼學業成績優秀，國小、國中都得到市長獎，由馬英九市長頒發獎牌，身為父親，與有榮焉。

我去外島當兵那兩年。當得知獨子要去金門前線當兵，阿公跟爸爸媽媽就趕到屏東基地來看我，當時跟滿懷憂心的媽媽及爸爸合照了一張照片。

整整兩年的時間，我在金門沒有回來過，當時也沒有電話，只能靠寫信。在那個烽火連天，兩岸隨時炮火相向的年代，媽媽天天擔心我這個在最前線的獨子是否平安，常常以淚洗面，一有風吹草動，就驚恐不已。

當時在金馬前線服役的軍人，有不少最後只有骨灰回來家裡，而且部隊也不會跟家人交待真正的死因，可能就是一張為國捐軀的褒獎章吧。我在金門服役那兩年，母親心裡壓力之大，恐懼之深，可想而知，後來人生的憂鬱傾向，應該都跟這兩年的經歷有關。

從小母親就對我這個獨子非常的疼愛，那時家中母雞生的蛋，母親幾乎都給我一個人吃，每天的便當中，最重要的就是那顆雞蛋，媽媽都會做成各式各樣不同的雞蛋料理，前一陣子聽到全台灣都缺蛋，想到兒時母親天天花不同的心思，煮蛋給我吃，內心滿是感恩。

母親身體一直都不好，這張年輕時跟大妹的合照，氣色及狀況，應該是最好的時候。

父親過世之後，我在台北買了房子，也結了婚，那時母親的身體已經越來越不好，我就把母親接到台北來跟我們同住。兒子出生之後，媽媽當了阿嬤，非常的高興，可是那時她的身體已經很不好了，而且記憶力也衰退的很厲害。

沒有健保的年代，看病要花很多錢，老人家身體有病痛，都會一直忍忍忍，不去看醫生，怕花大錢，我父親忍到不忍再忍，才去看醫生，已是癌症第四期了。

母親的晚年身體綜合性的衰老，才六十出頭，心臟病及糖尿病都很嚴重，也有心理疾病，應該是很嚴重的憂鬱症，六十二歲離開了人世，留下無限的思念與感慨。

等到我自己老了，更加想念兩老，疼惜老人家沒福氣，等我賺到錢時，他們卻沒有機會享受。

新店內湖，兩度遷居

太太的老家在新店，我們在金龍路住了一段時間之後，就去新店的玫瑰中國城買了一間電梯大樓的房子居住，比較靠近岳父母家，岳父母跟太太住的近，彼此也好互相照料。

那時候小孩才還在念幼稚園，大約五、六歲吧，正是需要人照顧及接送的年紀，所以我們把金龍路的房子租出去，去新店買了房子來住。

但是那時住的玫瑰中國城，從安坑進出台北的交通實在太不方便，在新店住了四年之後，我們把玫瑰中國城的房子賣掉，再搬回內湖金龍路來住。

搬回來時，已經升任雄獅的總經理，薪水及待遇都很不錯，後來我們就在內湖另外買了一棟電梯大樓的頂樓，這裡有很好的視野，頂樓有很棒的空中露台花園，也成了我跟太太退休養老很棒的住宅。

兒女成家，喜當阿公

從兒女身上我看到適性發展的重要，後來兒子也走上旅遊業一途，也進入雄獅服務，雖然不在我的部門工作，也算是克紹箕裘啦，目前已經是獨當一面的經理人。女兒醫學系畢業之後，進入台大醫院服務，目前也在診所看診，是一位解人苦痛的復建科醫師。

女兒在台大醫院服務期間，認識了在台大醫院服務的夫婿，生了一個英俊的小

跟太太及她的妹妹還有家人同遊吳哥窟。

孫子。兒子在工作場合認識了他太太，婚後生了一個可愛的孫女。孫子孫女，都是最可愛的三、四歲的年紀。每周我們全家固定要一起吃個飯，跟兩個小孫兒的互動，是當阿公最大的樂趣。

重啟斷線的同學情、同袍情

以前還在工作的時候，真的很忙，連家庭都很難兼顧，同學老友之間的聯繫幾乎都中斷了，不管是北斗初中及高中或是輔大的同學，幾十年來，沒有參加過任何一次的同學會。退休之後，想念這些過往的老友，人生花了全部的精力在工作上，在告一段落之後，人生要做些重啟，要快樂、要溫馨，不要留遺憾。

當阿公是人生一大樂事，帶一家人赴泰北度假，共享天倫。

高中同學會——退休後定期相聚，最有規模

退休之後，是要重新串起之前的同學情誼的時候。最有緣的是高中同學，有一位北斗高中同屆同學，名叫李逢英（以前念書時，壓根不知道這位同學的名字），她很會找同學，把幾十年未見面的老同學，一個一個的找回來，那時我們一屆有三個班，很多沒有同班過的同學，原來並不熟。後來李逢英找到了三十幾個至四十個高中同學，我很高興幾十年之後，還有機會跟同學相聚，我們就在內湖美麗華的一家餐廳辦第一次同學會，就由我做東請老同學吃飯。

後來幾次同學會，也都由我請大家吃飯，慢慢把同學會組織起來後，大家覺得一直由我請客，也不行，就慢慢有了組織，有了想法及行動。高中一屆有三班，大家之後

退休之後，才有時間重拾同學友情，圖為高中同學來家中，在空中花園一聚。

就三班輪流來主辦同學會，後來也回彰化老家去辦同學會。

不過參加同學會，有時候頗傷感，有些同學凋零了，像我以前的班長，跟我很要好的同學，後來是台灣師大的知名教授林清山，兩年前離開了人世。所以要趁著身體還可以的時候，要多聚聚，同學會由我來出錢辦理，其實問題也不是很大，但是有些同學就覺得不太好，希望由同學輪流出錢。也只能順從大家的意見，跟其他同學輪流來主辦同學會。

另外，我也想很把小學同學聚一聚，也辦一個同學會，但是聯繫上就更加困難。記得讀大學的時候，小學的老師還健在，就藉由老師的名義，開過一次小學同學會，就那麼一次，後來就沒有再聯繫。當然如果要認真去找，多少會找回一些小學同學，但是因為各個同學的程度相差很大，人生發展落差很不相同，有些人也不太願意出來相聚，可能故去的同學也不少。

北斗初中的同學，彼此程度就比較接近，北斗初中是南彰化程度最好的學校。初中畢業之後，大約有三分之一的同學，會銜接到北斗高中，部分同學，會到台北念建中、北一女，或者去念中一中及中女中，也有部分同學會去念彰化高中或是員林高中，像我們這種有程度，但是沒有錢的學生，就會留在北斗高中。

目前同學會辦得最成功的，就是北斗高中的同學，因為大家後來的人生發展，比較接近，同學會就比較容易辦得起來。

大學同學——期待定期聚會

輔大日文系的同學只有一班，大家的同質性高，大學畢業之後，有不少人朝日文相關的產業發展，範疇會比高中以前的同學更接近，大學同學會大多是同學有活動，或是有同學從日本回來，大家就會找個理由相聚一下，還沒有像高中同學一樣，會有定期的同學會。

在我退休不久，有一個在日本發展的同學回台灣，幾位同學就這樣一起發起，藉著同學回國的名義聚了一下，後來的大學同學相聚，大多是這種方式進行。因為退伍才去讀大學，大學同學大多比我小幾歲，所以退休時間也我晚幾年，後來疫情起來之後，大家相聚時間大幅減少。接下來的歲月，進入了後疫情時代，大學同學也大部分都退休，應該是我們同學多多相聚的時候了。

當兵連隊的戰友——也期待可以再相聚

在小金門當兵的歲月，是人生中非常重要的一段時光，陣地在小金門的沙溪堡，時間是民國五十九年至民國六十年之間，部隊的番號是七四六三部隊。我們是第十九師，外界稱為虎軍部隊，五七旅第九營第一連，我們是加強連，當時全連滿編是一百二十八員。我是連上的軍械士，專門負責槍砲子彈及車輛還有發電機。

退伍之後，同袍就各奔前程，一個都沒有保持聯絡，工作期間，我也沒有時間去聯絡同袍，退休之後，想找同袍，卻不知從何找起。我記得那時我們的師長名叫張家俊，有當過國慶閱兵的指揮官，連長名叫李鍾元。

不久前有聯絡到一位褚姓同袍，但是他也跟所有同袍失去聯絡，我記得當時連上有一半是彰化兵，有一半是桃園兵。很期待在有生之年，能重組虎軍部隊，大家再赴沙溪堡，同飲金門高粱，共嘯當年虎吟壯志。

退休生活綠手樂

對於植物的喜好，是因為原生家庭的關係，從小就跟花花草草一起長大，對土地，對農作物有感情，所有的植物花果蔬菜我都喜歡。我退休之後，有去內湖社區大學，在內湖高工，去上了兩年的花藝課，都跟這種情懷有連結。

老師上課教我們如何插花，會準備花材，當場就實作起來，很喜歡看著這些個別的花，被裝置成美美有造型的插花。花藝課一周一次，禮拜六晚上去上課，一班大約三十多人，年齡層很廣。後來上了兩年之後，就沒有繼續，但是跟這些同學都維持非常好的關係，是我退休之後，結識的一群好同學。

另外在公司頂樓，公司為同仁闢建了不小的開心農場。退休後，我就去種了一些作物，剛退休時，每個禮拜，周一到周五幾乎天天去，那時種比較多的葉菜類，需要比較多時間的照顧。後來葉菜類不再種了，現在每周大概會去兩次開心農場，看看農場的作物，整理一下田園，也跟年輕同事打打招呼，或有空吃吃飯。

剛開始時，在開心農場種了很多青菜，因為很愛吃秋葵，有一陣子種了很多的黃金秋葵，但是種了太多，吃不完也是麻煩。各種食用的蔬菜都是這樣，種得多，再加上我種的收成特別好，收成就太多，最後吃不完，就被老婆念，我就只好減少食用的蔬菜種植。現在大部分都改種花，跟一些觀賞植物，頂多種些百香果。

我家頂樓的露台花園，所有的植物也都是我自己種的，我搬到內湖這個家也十六年了，頂樓的植物也陪著我十六年。以前頂樓

家中露台的空中花園，經營快二十年了，退休生活重要的綠手指實踐場。

種太多，密密麻麻的，後來大概清掉了三分之二，目前看起來比較不那麼雜亂。

有時候花園裡的植物，少一點比較好看，我妹夫在桃園青埔種植物，他的園子裡，種的不多，整體來看，就比我頂樓種的要好看許多。但是我在種這些植物時，心裡想的是要去照顧植物，修修剪剪，看看花開的樣子，結果的過程，欣賞的是生命的周而復始，不只是為了景觀的好看，功能性是不一樣的。

鄉下孩子——回首前塵，分享人生

從彰化溪州鄉下出生長大的孩子，在五十年到六十年前的環境中，跟都市的孩子比起來，毫無競爭能力。但是我一直保持

回望人生，平凡似也不平凡，有些獨到的經驗與體會，想用簡單的文字，細細的說給家人及有緣的人聽。

樂觀，不服輸，看細節，嚴格執行SOP，一點一滴、戰戰競競的經營我的人生。用最樂觀的態度，最積極的精神面對人生，用最複雜的想像及最有效率的管理，來處理工作上的事情。

退休後的人生，重回到簡單的生活。晚上九點早早上床，早上五點也是早早起床，上午看兩份報紙，下午看電視新聞，晚上電腦上逛逛。白天找些時間在空中花園整理一下植物，或在家附近散散步，或去公司的開心農場動動筋骨跟同事吃吃飯，約些老同學聊聊天，這就是平常的日子。

兒女都住附近，他們下班回來，有空就帶著小孫子、孫女來陪阿公聊聊，看著新生命的成長茁壯，生生不息，餘願足矣。

但回望人生，平凡似也不平凡，有些獨到的經驗，有些特有的體會，只想把一生的淬鍊，用簡單的文字，細細的說給家人及有緣的人聽。

第7章

別人眼中的陳豐續

講了自己的一輩子，是從我的角度看別人，從我的角度看旅遊業，從我的角度看世界。這一章特別請我生命中幾位重要的人物，試著從他們的眼中，來看一看我是一個什麼樣的人。

邀請談我的人，有家族的成員，包括資助我讀大學的妹妹、從小一起玩大的堂弟及我最心愛的女兒。前同事兩位，包括我在雄獅最重要的傳承者陳碧松及前導遊領隊主管林正雄。高中同學兩位，最熱心於同學會的發起人李逢英及高中重要玩伴——曾是雪山隧道施工處主任的曾景琮，最後一位是我退休後生活中重要的插花班同學林惠鈴。

哥哥是家族的榜樣——妹妹陳雅娟

在我心目中，我的哥哥是最好的哥哥，他對父母一直都很孝順，對我們姐妹也很友愛，對朋友很真誠。在外人面前或許話不多，但是我們覺得他從小就很開朗，很正向。不管日子多麼的艱難，他總是樂觀的面對。

小時候我們家很窮，物資生活很缺乏，哥哥一直都很照顧我們兩個妹妹，一放學他不會跑去玩，一定馬上回家幫忙做家事，那時爸媽都忙著做生意，哥哥經常要煮飯給我們吃。從小到大，我們兄妹間沒有吵過架，我也從來沒有見過我哥生過氣或發脾氣。

也是因為家境不好，我們三兄妹中，只有大哥繼續升學，我跟姐姐小學畢業之後就在家裡幫忙，後來年齡長大一點，就來台北

陳豐續與兩位與妹妹，三人從小一起相互扶持人生。

工作。

幾十年前，在彰化鄉下能有孩子讀大學，可是不得了的事情，大哥很爭氣的考上輔大，是我們全家族的光榮啊！那時我跟姐姐都在台北上班，工作賺錢，爸媽身體也不好，家境也不足以供養哥哥讀書。於是媽媽就跟我們姐妹商量，我們一起賺錢給哥哥讀書，學費及生活費都由妹妹來幫忙。

一直以來都以讀大學的哥哥為榮，能賺錢讓哥哥安心讀書，都是發自我們的內心，而且兄妹間互相幫忙，本來就是應該的。

哥哥後來在工作及事業上的成就，當然是我們家族的榜樣。其實，哥哥從小做任何事情，都很認真，不論在讀書或是工作，都是全力以赴，都很拼，所以他的成功，是有跡可循的。

從小哥哥就很會照顧我們兩個姐妹，在他讀大學那幾年，換我們姐妹一起幫他，在他工作及事業有成就之後，都一直照顧著家人。一直以來，我們兄妹都相互扶持，互相友愛，很幸運也很高興，我們有一個很棒的家庭，共同照顧出彼此美好的人生。

在風雨中成長的勇者——堂弟陳豐麟

俗語說：「英雄不怕出身低」，古今中外有多少英雄豪傑，都是出自於寒門之家。經過一番奮鬥打拚才得以成大業。今天讓我來敘述一位出生於一個平凡窮困家庭的孩子，奮鬥有成的故事。他就是我的堂哥，雄獅旅行社前總經理——陳豐續。

在一個貧困的家庭中成長，從小時候起的求學過程，就特別艱辛，所以就必須比別人更加努力。刻苦耐勞衝破難關，好不容易才念到大學畢業，一路上的坎坷及辛酸，不是外人可以體會的。

出社會後也歷經了許多波折，在因緣際會下和四位朋友共同創立了雄獅旅行社，從一間小旅行社，經過大家的努力經營，一路成長壯大到職員三千多位，年營業額破百億的大旅行社，在台灣三千家旅行社中，也是數一數二的地位。

大哥在公司擔任總經理，在旅行社幾十年的發展過程中擔負著相當重要的角色，尤其是旅遊業不同於一般的產業，是動態性的，人與人之間的關係，要如何做好領導統御和別的公司競爭，確實不容易。如今雖然已經退休了，但是仍然關心公司的成長與發展。

一個人之所以受人尊敬，並不是因為官大權大，萬貫家財，崇高的社會地位。在我的認知中，應該是修為良好的人格與品德，沉穩內斂的修養，我和大哥從小時候懂事開始相處至今，已經超過一甲子，在這六十多年的日子裡，我沒有看到他發過脾氣，有的只是積極進取的話語，對於後輩子弟更是鼓勵有加，他常說要在社會上和人競爭，首先就是要把書念好，才有能力與實力，否則無法成功，也因此他費了很多苦心栽培女兒考上台北醫學大學醫學系，畢業後，現在已一位知名的醫師。

大哥雖然退休了，離開國小母校也好幾十年，但是仍然不忘學校師長的教育之恩，時常撥空返校關懷，回饋母校所需，關心成長的弱勢學生，給予適當的幫助，關心鄉里，挹助村民，對於兄弟姐妹，甚至於親友更是有情有義，如果有人遇到困難，只要他知道做得到，都會義不容辭的幫忙。也許因為自己是在貧窮困苦的家庭環境中長大的關係，所以特別能夠感同身受，此種至情至義不忘本的心腸，實在令人感動及敬佩，他不愧是我心目中最尊敬的大哥。

陳豐麟是從小一起長大的堂弟，對我家的情景最清楚。

我眼中的父親——女兒陳怡靜

小時候我和哥哥都覺得爸爸脾氣很好，和很兇的媽媽比起來（笑），我印象中從小到大只被爸爸罵過一次（因為只發生一次所以印象深刻）。爸爸在教養上沒給我們太多限制和要求，在那個年代，似乎爸爸就是合理扮演著賺錢養家的角色，而媽媽就是負擔家庭生活的責任。小時候在媽媽節省用度的態度下，爸爸是相對對我們大方的人，在我們心中爸爸就是個厲害很會賺錢的人。

在我們國小的時候，爸爸還經常擔任領隊帶旅行團出國。記得有一次爸爸帶團去大陸，一天晚上媽媽接到電話說，雄獅的旅行團在大陸的遊覽船沉船了，還無法得知死傷的狀況。媽媽接完電話之後，擔心地不斷哭泣，我也跟著一起哭，非常非常害怕爸爸再也回不來了，雙手合十，一直求老天爺保佑我的爸爸，一直到接到報平安的電話才放下心。

老實說，小時候我和爸爸相處的機會並不多，爸爸總是很忙碌，早出晚歸，在我們上學前他已經出門了，小時候的記憶是我和哥哥總是先吃晚餐，媽媽會把菜分出一部分說是要留給爸爸的，爸爸會在七、八點左右回到家。生活規律的爸爸，九點就會上床睡覺，所以我們平日是沒有太多與爸爸的親子時光。爸爸也經常需要出差，當時擔任領隊的爸爸，每個月或幾個月就會帶旅行團出國，但我們一點也不會捨不得爸爸（笑），還總是很期待爸爸從國外帶回來的禮物。現在我們也長大到了當初爸爸在工作奮鬥為小家庭努力的年紀，可以體會他當初在事業上的辛勞和對我們的付出。後來我結婚生子了，我先生有時候聊天時會問我說：「妳爸一定有什麼過人之處吧，讓他從無到有，在事業上達到這樣的成就？」我總是回答：「我不知道啊，爸爸很少跟我們談他工作上的事。」

我只知道爸爸總是說他小時候很窮，學習資源很有限，一直努力到台北念大學，全家擠在台北沒幾坪的租屋處，非常克難。

在我眼中他就是我爸爸，我從來沒把爸爸當成一個成功者去研究他一路走來的軌跡，但想必爸爸是很努力很堅持的吧。也許這本書可以給我更多答案，讓我更了解自己的爸爸！

女兒怡靜希望透過此書，更了解爸爸成功的過人之處。

開啟人生的多扇窗——前部屬陳碧松（現任雄獅海外部總經理）

陳董的自傳，就是一本見證台灣旅遊產業的演進史，也讓旅遊從業人員可以探究旅遊服務的核心價值，我相信更是一本「做人處事的管理書」。

職涯中有幸在陳董身邊學習，開啟了人生多扇窗。以下幾點分享我跟隨陳董職涯發展的真心感受。

請用閩南語自我介紹：三十一年前應徵面試時，陳董要求我用閩南語自我介紹，當時我愣了一下，把原本準備的英文版自我介紹，臨時轉換閩南語介紹。後來才了解，陳董看了我的履歷後認為，應要用是否能以聽眾了解為優先的思維，來考核台大畢業生，對以人為本的旅遊工作，是否有謙卑傾聽的服務態度？三十一年前很多出國旅遊者，大多不是住在大都會城市的閩南人，所以不止用國語介紹，更要以親切閩南語來招呼，更能走進客戶的心，也就是旅遊業的服務核心價值，就是對人的應對進退與同理心的經營。一張行程表的旅遊產品，可能就要賣幾十萬，如何讓消費者買單及爭取客戶信任？如能說對方能了解的話，謙卑的傾聽與同理心的應對，才能建立信任的關係，以旅遊專業的Know How展現，才能得到客戶的認同與買單。謝謝陳董用心的點出：「上通天文下知地理，會五國不同語言的才高八斗、優越心態的專業領隊，不如傾聽關心，並端一杯溫開水給出國在外，需要配藥的老阿嬤的謙卑領隊來得重要。」

結構性毛利：從我在雄獅的第一個單位Wholesale銷售部業務員開始，以及後來擔任團體旅遊產品線主管，再後來派駐海外公司的地接站主管，都聽到陳董提出的「結構性毛利」的主張。本以為是只是降價多收訂單，讓旅行團銷售人數增加，該團的結團毛利會增加的簡單的損益問題，但陳董卻引導我們思考，一個團體人數增加與否，牽動產品成本與售價變動，因而可以導出行銷手法與供應商採購的談判，進而成為產品、銷售、行銷等策略的設定，而不只是一團損益的結算，更是年度目標運營的重要策略議題。所以不是數學問題，而是策略管理思維。

不要只待在我的部門：我在批售部第三年，公司有外派海外計畫，當下身為業務副理的我，已有成熟小組團隊，連年獲得年度銷售冠軍組的績

我驕傲的徒弟，陳碧松非常珍惜及感恩在我身邊學習的機會。

效與豐富帶團回饋，輕鬆穩定的舒適圈，別人也認為應該可以順利在批售部直升發展，所以並未在意海外派駐主管的機會。但當時批售部門的總主管陳董毅然告知我，不要一直待在我部門，要走出舒適圈，年輕的歷練，辛苦的汗水才是青春的見證。不據有自己單位培養出來的幹部在原單位應用，而是站在培養更具不同領域專業、更大視野的公司人才的胸懷，無私無我的指示，讓我歷練了直批銷售部、電子商務、票產部、美加紐澳東南亞大陸產品部，以及海外紐約、洛杉磯、溫哥華、曼谷及大中華區海外主管。謝謝「不要待在我的部門」一句話，受用終身。

開著賓士種菜去：退休後的陳董，每周必有幾日開著豪華賓士車到公司屋頂的開心農場拔草澆水種菜，更常常碰到公司老員工就一起吃飯，我常想已有數十億身價的陳董，為何不天天吃喝玩樂，到處花費享樂呢？但看看出身農家子弟的陳董，一路走來，白手起家，不因富有而驕，不因職位，而漠視以前老部屬，這「誠正勤樸」的精神正是陳董人生真實展現。

如師如兄，終身教誨：很幸運，也很珍惜我從事旅遊業，能碰到陳董引我入雄獅旅遊大門，更一路用心引導我，在雄獅旅遊不斷發展下，不同領域的歷練與成長，在我面臨不同問題挑戰時，給我解惑。在此藉著陳董出書，占用篇章，表達萬分感激之心，回顧陳董職涯教誨，原來教導的不只是旅遊專業，更是「如師如兄」的做人處事的教誨。

組織就是集團作戰——前同事林正雄（現任中國文化大學觀光系助理教授）

觀光旅遊是陳豊續董事長的第二生命，要完成一部人生回顧旅遊萬花筒，誠屬難能可貴，充滿著經典與傳奇。

在六十年代的中期，仍是戒嚴時期即投入旅遊業，是為觀光旅遊業之「大老」。本書對於旅遊業經營主管及大專院校高中職之觀光科系教師，將帶來豐碩之啟示，同時融合為旅遊業產學創新及升級之知識。

我非常榮幸在雄獅ＩＰＯ過程中，經由雄獅集團大家長王文傑董事長之任命，擔任導遊領隊部主管，很幸運認識了陳董，陳董給我一句話，「未來在部門經營管理上有任何的建樹或成果，要記得是歸屬於集團，因為是公司對你的栽培。」此話至今我依然奉為金句，因為我明白在雄獅不是個人作戰，而是集團軍在打，我們打組織戰。

藉此書之發表，我衷心祝福陳董，身體健康，闔家平安喜樂。

曾經的靦腆寡言——高中同學曾景琮（曾任榮工工程公司副董事長，現任泰誠發展營造公司董事長）

記得那是民國一〇七年，彰化縣立北斗中學高中部第十七屆畢業四十五年後，在李逢英同學篤力的號召下，召開該屆第一次的同學會，同學會的主持人是陳豐績兄。

會中，豐績兄手執麥克風，風度翩翩地時而語氣幽默兼帶俏皮，激起我們這群年齡已達六十五歲上下的熱情。聚會一開始我們這群比較穩重的Senior Citizens（我們不承認我們是Old Man老人，我們都應是西方所說的資深Senior公民）不太嘻哈。但是，豐績兄的一席話，讓我們回復到四十五年前活潑歡樂的青春氣息。當大家的情緒被擾動，話匣子一打開就關不上的情況下，豐績兄又以導遊博學多聞的語氣，將大家從紛亂中，召回專注同學會的重要議題宣布及討論上。

豐績兄有條不紊的引導這一大群Senior Citizens的老同學們，幽默與氣勢及席間博學多聞的談吐，讓我十分困惑，這是當年那位靦腆寡言，個性內向，來自農村的陳豐績？還是後來位居國內知名上市品牌，無人不知的雄獅旅行社總經理陳豐績？兩種身分劃上等號，相當不可思議！

席中和他閒聊下，獲悉他畢業當年大學聯考，在理工甲組考得未盡理想（當年聯考錄取率極底，特別是甲組），後來改考文組專攻日語，畢業後進入旅遊業，帶團跑遍世界各地，不斷拓展視野、增廣見聞，在跟幾位志同道合的朋友草創下的雄獅旅行社，歷經三十年，打造成國內數一數二的知名旅遊業上市大公司。

聽他簡短的道出高中畢業後到當時的狀況，讓我內心直呼，人不可貌相、海水不可斗量，人生太不可思議了！

彰化縣立北斗中學位處彰化縣南疆，當年學生素質在彰化排名第三（僅次於北彰化之彰中，中彰化之員中），由於北斗鎮周圍鄉鎮，大都屬農業鄉鎮，經濟較弱勢，年輕學子為節省教育成本，該地區大部分優秀及經濟較弱勢之農村子弟，都以北斗中學初、高中為第一志願，就近就學。

豊續兄就是來自北斗鎮隔壁溪州鄉西畔村的農村子弟。該村村民大都務農，而當時的農村，食指浩繁、交通不便、甚至無自來水、無電力等設施，加上農產品價格不高，又難有副業補貼，是以生活清苦自不在話下，更遑論對教育的重視了！

在那樣的偏鄉條件下，豊續兄的父母能重視教育，未遺漏豊續兄的天賦，實屬難得，想當年我們鄉下，小學畢業，能繼續升學的比例大概不到三成，我們這些同學說是驕子，也不為過。

記得他所就讀的小學成功國小，是間農村小學，當年能考上競爭激烈的北斗中學初中部，是少之又少（我就讀的北斗鎮北斗國小的學生，每天晚上都要到老師家補習，一班五十人頂多只有五到六位能考上該初中部），是足以讓辛勞父母於鄰里間引以為傲的！

北斗中學初中部，可是不好混的，除了一般嚴格的學程外，我們的楊杏林校長還要求，要上勞動服務課，那是要在遼闊的校園內除草甚至幫校內菜園挑糞肥澆菜，還有工藝課要學習木工和金工。童子軍課訓練我們求生技巧，體育課老師操得我們跑來跑去，爬山爬下，金光教官兇到我們見了都會發抖而乖乖尊師重道，整理服裝。整潔校園及教室，每天每班整隊升降旗，整齊有序的進出校門。整個北中的教育宗旨，皆是本於亦是出身窮苦的楊杏林校長的本意，訓練及培養我們吃苦耐勞的精神！

在這嚴格的要求下，初中男生五班到初二就會淘汰一班！也許是在這種德、智、育、勞的培育下，我們的初中同學出社會後，成就輝煌者甚多，豐續兄應也是位先天具有才智並在人生塑型的初中階段，有幸受到母校近乎斯巴達式磨練之教育，往後才能在競爭激烈的旅遊業，脫穎而出的人生勝利組吧！

高中同學是最早拾回的老友，要感謝李逢英（前一位）的召集，也感謝高中好同窗曾景琮（中立第三位）為本書做出指正。

初中畢業，基於同樣家庭經濟理由，很多初中同學縱使有能力考上彰中、員中、甚至台中市名校，還是繼續留在北斗高中部就讀。記得，初高中六年豊續兄他都是一早要騎個把小時腳踏車趕到學校，下課後，又要趕緊趕回家，幫忙家中農事。

北斗中學在楊校長體諒當時交通不便，有些偏遠地區學生，要浪費不少時間於通勤上，因而免費夜間開放教室及禮堂，供學生留校夜讀之用，甚至在我們高二時，還蓋了學生宿舍。所以除了一部分在晚上留下的同學較有互動、互相了解外，大部分的同學在緊湊的課程下，只餘每堂課之間下課的十分鐘得以互動。所以我們大部分的同學雖彼此間皆很融洽，但似乎又少了些深入了解彼此的機會，這也是為什麼，我對豊續看走了眼（很多同學也一樣），只留下，他是位合群、有禮、話不多且有點靦腆的好學生。天曉得他竟是日後大有成就的一塊璞玉呢！

我們這群來自鄉下的同學，由於家庭經濟背景不佳，當年我們都希望能擠上大學窄門，畢業後，當教職、公職、找個好公司上班，俾能盡快協助家中經濟。甚少人會想到創業，所以，在我們這群同學中，服務於教育界、警界、公職、銀行業、商界、工程界的為數不少，但創業的比例上就很少，而豊續兄就是這少數創業且有大成就者之一。我以身為其六年同窗者為傲，更以母校能有這麼一位出色且事業有成之校友為榮。

今適逢豊續兄欲出書回顧家鄉往事，有幸，在才疏學淺之能力下，得為我所認識的豊續兄，淺言幾句他的過去，得以再回憶遙遠又似歷歷在目的當年同窗六年中之學生生活點滴，確是榮幸又溫馨，故樂而為之，寫下我所知道的豊續兄。

緣來如此——高中同學李逢英

每次參加旅北的高中同學餐會，都是熟面孔。同學間閒聊，常聽到：歷次邀陳豊績參加，他都回應沒空，聽說他在雄獅旅遊上班，其實我根本不記得我們有這位同學。

雖然讀的是男女合校的完全中學，在有髮禁的年代，男同學和女同學之間是零互動；除了功課特別好，體育傑出，上升旗台接受表揚，或是奇裝異服，標新立異，打架滋事，寫情書被訓導主任或教官逮到，這些出名的同學才會被認識。其他的，知其名不認識，不知其名不認識，都是稀鬆平常事。

某天，在公園巧遇賜培同學，他告知剛參加雄獅旅遊的旅行團回來，陳豊績想召開同學會。賜培覺得我和同學的往來較頻繁，要我幫忙促成。當下，將他的電話給我。

同進出一個校園六年，逾花甲之年，為了同學會，我們首次連線。陳豊績希望我成立高中同屆畢業同學群組，加入群組的同學如逾三十人，就要召開同學會。拜智慧手機之賜，和同學之間的串聯，不到一星期已超標，我很訝異，失聯近半世紀的一些同學，竟然可以在短短幾天內出現。

陳豊績立即要我在群組公布召開同學會的日期，從成立群組到舉辦同學會，前後剛好半個月。

同學會當天，我提早到，看見一位戴棒球帽的人在整理花束，我趨前問他是陳豊績總經理嗎？他回應是，我來不及自我介紹，他已叫出我的名字。同學陸續來到，數十年不見，很有厚度，分量很重的，我一時很難從時光隧道中，尋找出今昔是同人。歲月凌厲，一絲不苟的在彼此身上刻下斑斑痕跡。

報名參加的同學到齊後，為加深大家的回憶，司儀用唱名的方式，請陳豊續將花束送給女同學，男同學則由我代表贈送，花束裡夾著一張他親筆寫的溫馨小卡片。這些花是他精心規劃，請花店特別挑選和包裝，代表他的真誠心意。席間，花香溢滿會場，氛圍溫馨，心情特別愉快，飯菜吃起來特別香。

飯後，他帶我們到大湖公園走走，看到繽紛的花朵，波光粼粼的湖面，潔白的鴨鴨在划水，蓊鬱的榕樹好遮陰，徜徉綠意盎然的草地，微風吹拂臉頰，好遼闊又美麗的公園。原來他住在附近，公園是他散步休閒的地方。他希望經由這次的聚會，爾後同學如有路過或到此地，歡迎到其住處坐坐，歇歇腳，喝杯茶，吃個便飯。

群組每天都有新加入的同學，後來加入的同學，迫不及待的想跟睽違近半世紀的同學敘敘舊。為滿足大家的期待，隔一個多月，又召開第二次同學會，這次人數更多，有的因重逢而雀躍，有的為逝去的時光而感傷，仍舊由陳豊續自掏腰包，贈送每人一對和藹慈祥的陶瓷老公公、老婆婆，意象著大家吃到老老老，幸福久久久。

從他口中得知，網路E化後，他是雄獅旅遊編號第一號員工。這麼大的上市公司，員工數千人，每天進出汰換人員無數，他可以從基層做起，一步一腳印，慢慢熬，從一而終，終於熬到巔峰。這彷彿是天方夜譚，活到這把年紀，我還沒聽說有人在民營企業工作，一做就是一輩子，從基本的外務，做到一人之下，萬人之上。

曾有同學問我，他看起來很嚴肅，會兇嗎？其實看人不能光看外表，有的人看起來很冷漠，卻是古道熱腸；有的人一臉笑嘻嘻，卻笑裡藏刀，一樣米養百樣人。可以在上市公司坐第二把交椅的人，一定有他過人之處。他雖不苟言笑，思路卻非常細膩，做事有條不紊，凡事都訂一個目標，以達標為目的，說話簡明扼要，聽懂他的話語，配合他的節奏，事情自然能圓滿達成。

除了一年一度的同學會，三不五時，他會要我找同學聚聚，人數不限。五年前他公子結婚，邀請我們至五星級飯店參加婚宴，偌大的婚禮會場，賓客雲集，喜氣洋洋，精緻的佳餚，令人回味。

如今同學會已走過七個寒暑，每次同學會，同學們就會提起，當初我如沒成立群組，就不可能有今日的同學會，總是很感謝我的付出，事實上，該感謝的是陳豐績，他是初始的策劃者。

退休後的好生活——插花班同學林惠鈴

前陣子，豊續哥訊息邀約我，希望在這一本自傳中，讓我可以談談我眼中的他，以及我們這一群好朋友的情誼。喜歡文字敘述的我，立馬就答應，因為我擔心若是一個遲疑，這個頭路就會被其他人給搶走，哈哈。

特別記得，是在二〇一六年的二月，在台北市內湖區，社區大學的歐式花藝班教室內，走進來了一位「新學員」，他是這一批新學員中唯一的男同學，人說「萬花叢中一點綠」，而這個綠，就是豊續大哥啦！

在印象中，豊續哥話不多。我觀察著，看著他總是默默站在花藝班上的作業桌最後一排位置上，整理著屬於他自己的花材，完成當日花藝作品並清潔桌面後，就會抱著作品離開教室，搭上叫好的計程車回家去。有一天，我好奇心使然，雙腿咚咚咚的跳過去問：「陳大哥，您怎麼會來學插花呀？」「來交朋友。」豊續哥紳士般的回答著，陸續幾個同學們也過來一起加入話題，一群女人嘰嘰喳喳的熱鬧畫面可以想像，這是我們這群好朋友種下友誼種子的一開始。

很快地，花藝班來到新學期的迎新聚餐活動，想當然爾，選擇了內湖在地的飯店所附設的西餐廳，愉快的用餐氛圍、大家互相自我介紹後才知道，原來，豊續哥是台灣旅遊業龍頭——雄獅旅遊集團的創始元老，但他看起來很和藹可親、溫文儒雅，一點也沒有印象中，企業家會給人的那種嚴肅感或距離感，經過這場聚會，也修正了我對企業家的既定印象。

在學習環境裡認識的同好通常最單純。在花藝班裡，沒有學姐學弟妹之分，也沒有花藝技術的存在，有的只有讚美聲跟歡笑聲以及相互的鼓勵。「哇！這朵玫瑰插的位置好美喔！」、「你今天插的作品很美喔，讓我拍照一下好嗎？」、「如果你這邊這樣這樣，更能襯托喔！」、「你花插的越來越有味道了！」，類似這樣的語言很多，每周的上課，不知不覺變成了生活中的一份期待。

來說說這群花藝好友組成：有旅遊集團元老、七三七超級阿嬤、師範附幼老師、知名蘭花專門店闆娘、服裝業主管、外貿公司闆娘、中式花藝老師、優雅貴婦、消防車設計公司一姐、壽險顧問……年齡涵蓋三十五歲到七十歲，

退休後參加的第一個學習團體，就是內湖社大的花藝課，結交了一大群的忘年之交。

豊續哥就是我們的頭頭，經常一聲令下，邀約大家到Gonna Eat聚餐、一起到雄獅集團頂樓的開心農場參觀、出動雄獅尊爵遊覽車到南台灣賞花一日遊、生日包場歡唱會、近年還受邀參與了豊續哥小女兒在W飯店的婚禮……，對待我們，豊續哥就宛如對待家人一般地對待著大家，所以才會說：我們是像家人一樣的友誼。

理工科的豊續哥博學多聞通人知，平時聚會，除了會與我們分享他創業的過程和經驗外，還時不時的提問：繞地球一周有多長？如果早上面向太陽，你的右手邊是哪一方？木炭的成分是什麼？有時被問到靈魂出竅的瞬間也是有的。我們還有跟豊續哥學日文喔，透過歌曲的傳唱去了解日文的美，每一次也是收穫滿滿。

豊續哥時常提點我們一些為人處事上的建言與後輩提攜，在豊續哥身上，我也看到了企業家重承諾，且說到也會做到的性格面，這一點，在惠鈴心中，是敬佩與學習之。能認識豊續哥，真是惠鈴的福氣。

很罕見的一本旅遊業的工具書就此生成，再次恭喜豊續哥。

退休後，經常跟著雄獅旅行團悠遊天下，享受著自己年輕時打下的江山。

有空就回彰化老家，跟親戚、朋友、同學、故舊相聚，彌補以前忙於工作，而忽略的情誼。

BIG426

結構性毛利的人生思維：前雄獅旅遊總經理陳豊續自傳，教你拆解結構、細算成本，獲致事業與人生的獲利

作　　者—陳豊續
採訪文字—曹以會
攝　　影—李東陽
照片提供—陳豊續、雄獅旅遊
協　　力—王國欽、李心怡
責任編輯—陳萱宇
主　　編—謝翠鈺
行銷企劃—陳玟利
封面設計—江孟達
美術編輯—菩薩蠻數位文化有限公司

董 事 長—趙政岷
出 版 者—時報文化出版企業股份有限公司
108019台北市和平西路三段二四〇號七樓
發行專線—（〇二）二三〇六六八四二
讀者服務專線—〇八〇〇二三一七〇五
（〇二）二三〇四七一〇三
讀者服務傳真—（〇二）二三〇四六八五八
郵撥—一九三四四七二四時報文化出版公司
信箱—一〇八九九 台北華江橋郵局第九九信箱

時報悅讀網—http://www.readingtimes.com.tw
法律顧問—理律法律事務所 陳長文律師、李念祖律師
印　　刷—勁達印刷有限公司
初版一刷—二〇二三年十二月一日
定　　價—新台幣四五〇元

結構性毛利的人生思維：前雄獅旅遊總經理陳豊續自傳,教你拆解結構、細算成本,獲致事業與人生的獲利/陳豊續著. -- 初版. -- 台北市：時報文化出版企業股份有限公司, 2023.12

面；　公分. -- (Big ; 426)

ISBN 978-626-374-575-9(平裝)

1.CST: 陳豊續 2.CST: 自傳 3.CST: 企業經營 4.CST: 企業管理

783.3886　　112018249

ISBN 978-626-374-575-9
Printed in Taiwan